项目计划与成功原理:25%解决方案

Project Planning and Project Success
The 25% Solution

〔美〕佩德罗·塞拉多尔　著

范建芳　王爱武　李潇潇　译

科学出版社

北京

图字:01-2016-7490 号

内 容 简 介

　　本书以项目管理中的计划工作为研究对象,结合航天、国防、建筑及信息技术等领域正反两方面的项目案例,对计划工作重要性进行论证。在探寻计划管理的研究轨迹的基础上,收集分析全球代表性项目管理数据,归纳、设计评价指标,通过专业的统计分析,深入剖析计划工作与项目成功的关系。不仅证实了计划工作质量、投入时间与项目成功的定量关系,还探讨了计划工作与管理者个人成功的关系。从而,为项目的计划管理提供了具有普遍指导意义的参考建议。

　　本书适合所有从事项目管理的人士阅读,尤其对于从事计划管理的专业人员有较高的参考价值,本书同样适合对项目管理及相关领域感兴趣的人士学习参考。

图书在版编目(CIP)数据

项目计划与成功原理:25%解决方案/(美)佩德罗·塞拉多尔(Pedro Serrador)著;范建芳,王爱武,李潇潇译.—北京:科学出版社,2018.1

书名原文:Project Planning and Project Success:The 25% Solution

ISBN 978-7-03-055205-1

Ⅰ.①项… Ⅱ.①佩… ②范… ③王… ④李… Ⅲ.①项目管理-研究 Ⅳ.①F224.5

中国版本图书馆 CIP 数据核字(2017)第 271524 号

责任编辑:张海娜　姚庆爽 / 责任校对:桂伟利
责任印制:张　伟 / 封面设计:蓝正设计

科学出版社 出版
北京东黄城根北街 16 号
邮政编码:100717
http://www.sciencep.com

北京九州迅驰传媒文化有限公司 印刷
科学出版社发行　各地新华书店经销
*
2018 年 1 月第　一　版　开本:720×1000　B5
2018 年 6 月第二次印刷　印张:14
字数:200 000
定价:98.00 元
(如有印装质量问题,我社负责调换)

译　者　序

项目管理是第二次世界大战后期发展起来的重要管理技术之一。应用项目管理的历史最早可以追溯到美国的曼哈顿计划,在阿波罗登月中项目管理更是取得了巨大的成功。20世纪60年代,其应用范围由国防和航天领域拓展到其他产业并很快风靡全球。

项目计划是项目管理的重要构成要素。毫不夸张地说,计划工作是项目管理的灵魂,计划对项目的影响贯穿项目的始终。正确计划能够降低项目风险、促进项目的成功,过度、失当的计划会影响项目的顺利完成。毫无疑问,任何一个项目的目标都指向成功。然而,项目计划与项目成功之间有着怎样的量化关系? 如何开展计划工作才最有利于实现项目的成功? 这可能是每一位项目管理者最关心的问题。

本书作者佩德罗·塞拉多尔博士曾经是一位资深的项目经理,早年曾在多个行业从事项目管理,有着超过二十五年的实践经验。后来,他投身项目管理的教学和研究,致力于项目成功理论的研究,尤其在复杂技术和高风险项目领域有较高的造诣,并为诸多国际知名企业提供项目管理方面的咨询及培训。

本书是作者近年来的一部力作,也是他实践经验的总结。在大量收集全球代表性项目管理数据的基础上,通过科学的指标设计和专业的统计学分析,深入剖析了计划工作与项目成功的微观关系,就项目计划管理问题给出了具有普遍指导意义的参考建议。在量化分析的基础上,作者还结合航天、国防、建筑及信息技术等领域正、反两方面的实际案例,向读者展现了生动的项目计划工作的图景,相信读者能够从中获得启发。

通俗易懂、深入浅出是本书的一大特色,不仅非常适合初级项目管理人员阅读、学习,对相关企事业单位的中、高层管理者而言,也具有较高的参考价值。作者提出并推荐的"25%解决方案",易于初涉项目管理的人员掌握和实践。作者在论述中借助案例给出了大量经典、实用的项目管理方法工具,也有助于读者在实践工作中参考选用。

参与本书翻译工作的人员还有:郑义兵、邹翼,在此对他们的辛劳表示衷心的谢意。由于时间有限,译文中可能尚存一些值得推敲之处,望广大读者批评指正。

译　者①
2017 年 8 月于北京

———————————————

① 范建芳,研究员,中国运载火箭技术研究院;
　王爱武,研究员,中国运载火箭技术研究院;
　李潇潇,中央财经大学国防经济与管理研究院博士后,北京航天长征科技信息研究所。

原　书　序

你若没有前进方向，则终将误入歧途。

——尤吉·贝拉（美国棒球名人）

作为一名已有二十五年工作经验的项目管理者和项目咨询员，笔者一直专注于那些能增进项目成功的要素。毕竟交付成功的项目是笔者职业生涯的本分。其他项目经理们无疑也有着相同的感受。

在转而投身学术领域的研究之后，笔者开始专注于能够增进项目成功的问题，并开始思考"在那些曾经管理过的项目中，如何能够避免问题发生"，笔者希望知道计划和分析工作是不是项目成功的基本因素。这成为笔者博士论文的主题，而这本书的内容就源自该论文的研究成果。

笔者在成为一名项目经理之前，曾负责在阿冈昆公园等加拿大省级公园组织独木舟旅行活动。这份工作经历使笔者获益良多。那个时候，笔者一般是带领 8～18 人的团队完成 3～4 天的旅行，其中多数是陌生人。在偏僻地区开展独木舟旅行不是一件容易组织的事情。划船进入一个湖泊通常需要花费 5 个小时或更长时间。如果忘记携带火柴或者食盐，附近是找不到街边小店的；这时必须再花 5 个小时的时间划独木舟前往商店，还要再划独木舟返回。除非幸运地碰到了其他乐于分享的野营者，否则情况会非常糟糕。

例如，笔者发现对于一个典型的团队，平均而言每天 2.5～3 人份的面包足以满足早饭和午饭的需要。这一点很重要，不仅因为食品过多会占用储存空间，最糟糕的问题在于多余食品的"陆上搬运"问题，也就是带着它们穿越旷野和瀑布，而且最终它们还会被丢掉。如果食品带得过少，你就要设法解决人们的饥饿问题。记得一次旅行中笔者徒步登上一座小山，遇到一位带孩子们乘独木舟来此旅行的父亲，他向遇到的每个人索取额外的食品。显然，他不是一个有经验的独木舟旅行者，并没有准备充足的食品。尽管我们这次徒步旅行只剩下一些零食，不过还是把所有能给的都给了他。

独木舟旅行中会出现许多问题：下雨时没有雨衣或其他雨具；忘记携带火柴不能生火做饭或取暖；旅行安排的路途过长或搬运的东西过多；夜幕降临前还没有完成帐篷的搭建；忘记携带或者丢失了地图。所有这些都会给旅行带来困难，并让旅客们扫兴。

从中笔者得到了一系列的启示：

（1）预先做好计划。如果你只是因为一时心血来潮，而去做在偏远地区旅行这样富有挑战性的事情，是不可能取得成功的。在食品即将耗尽之时，去说服人们午餐只吃四分之一个三明治和八分之一个苹果，这可并非笑谈。

（2）找到一种有效的方法并坚持运用它。微调是可以的，但是尝试全新的事物风险很大。

（3）人是最大的变量。你很难知道在既定情况下人们会做出何种反应。你也不能仅仅通过理性处置的方法来预测人们的反应。

（4）要富于灵活性。不可预测的挑战和机遇常会到来。不要迷恋过去，而应勇往直前，否则机会稍纵即逝。

笔者领悟到的东西归结起来有两个方面：一是关于认真的计划工作，二是关于实施的灵活性。

这也是笔者研究中的重要发现。清晰和明确的预先计划对项目的成功至关重要。在实施过程中具有灵活性（或敏捷性）同样有助于项目的成功。

本书将详细论述为何这些方面对项目管理具有极其重要的作用。或许，这与领导一次独木舟旅行有相通之处。

缩 略 词 表

ANOVA	方差分析;本书中用 $p(F)$ 表示方差是否具有统计学显著性关系
APM	项目管理协会(英国)
BOK	知识体系
CII	建筑业协会
CoP	实践社区
CSF	关键成功因素
FEL	前期工作
IS	信息系统
ISO	国际标准化组织
IT	信息技术
LOGIT	逻辑回归
M	均数
MHRA	调节分层回归分析
OGC	政府商务办公室(英国)
p	p 值,指获得检验统计量的概率至少为实际观测的极值
PDRI	项目定义评级指标
PM	项目经理
PMBOK® Guide	项目管理知识体系指南(PMI®)
PMI®	项目管理协会
PMO	项目管理办公室
PRINCE2	受控环境项目管理(英国)
R	皮尔森系数
R^2	决定系数;模型预测效果的衡量指标
R&D	研究与开发
RCA	需求捕获与分析

SD	标准偏差
SIS	战略信息系统
WBS	工作分解结构
XP	极限编程

目　　录

第 1 章 | 重大的项目失败

在遭受挫折之前,所有人都有一套如意的打算。

——迈克·泰森(美国拳击名人)

经常听到有人说,世界上最难让人接受的项目失败,其实是可以从一开始就避免的。你可以从自己的职业生涯中找到这类例子。一些著名的项目失败,其实是可以通过更好的分析和计划工作而避免的。

1.1 火星气候探测者号卫星

火星气候探测者号卫星(Mars Climate Orbiter,MCO)在 1998 年年底发射升空,其后在 1999 年年初又相继发射了火星极地登陆者号(Mars Polar Lander,MPL)和深空二号。火星气候探测者号因导航错误没能进入预定轨道,而这导致该飞行器进入火星大气并烧毁。

下面归纳一下火星气候探测者号的调查报告。总承包商洛克希德马丁公司按照合同要求,向喷气推进实验室(Jet Propulsion Laboratory,JPL)导航小组提供的导航所需空间飞行器作业数据采用了英制单位而非公制单位,直接导致飞行器弹道计算错误并在火星大气层烧毁,造成任务失败。认识到航天任务具有"一着不慎,满盘皆输"的特点十分重要。即使数以千计的零部件都完好运行,但仅仅一个小错误就会给任务造成无法挽回的灾难。错误本可通过计划、分析、监督和独立的检测加以避免,而火星气候探测者号项目显然做得不够到位。

具体而言,软件测试不够充分;导航团队缺乏警惕性,对空间飞行器的情况掌握不到位;培训工作也不到位。在该飞行器从地球到火星的过程中,没有对观察到的导航异常情况(同样是造成之前事故的原因)进行追踪确认；因为未做充分准备，在飞行器接近火星时进行弹道修正的机会也丧失了。火星气候探测者号项目的经理人或许很有能力，但是其项目团队可能经验不足。火星气候探测者号的失败可能是因为缺少高层管理者的参与，以致无法弥补项目团队在经验方面的不足。

选择具有极低失误概率的运载火箭、科学增加载荷、确定性的行星发射窗口仍然是不够的。任务实施前在计划方面的分析缺陷，以及检测不足也是任务失败的重要原因。这些问题会导致风险失控并造成失败。其结果是价值数百万美元的飞行器徒然在火星大气中烧毁。

1.2　福克斯迈尔企业资源计划项目

在 1993 年，福克斯迈尔药物公司(FoxMeyer Drugs)曾是美国第四大药品分销商，市场价值将近 50 亿美元。该公司购进了企业管理解决方案系统(System Application and Products，SAP)和仓库自动化系统，以便提升公司的工作效率。为整合和实施这两套系统，福克斯迈尔公司还聘请了安信达咨询公司(Andersen Consulting)。这个项目的预算预计达到 3500 万美元。

该项目失败的原因有以下几点。首先，福克斯迈尔公司制定的进度过急：整个系统要求在 18 个月内投入使用。第二，仓库雇员的工作会受到自动化系统的威胁，但在项目实施前并没有向这些雇员进行相关咨询。在运行 3 个月后仓库被关闭了。第一个自动化仓库遭到故意破坏，存货清单被工人损毁并且无法恢复。最终，新系统反而没有被替代的系统工作效率高。1994 年，SAP 系统每天只能处理 1 万项任务，而老系统每天却能够处理 42 万项任务。

1996 年，该公司最终破产并以 8000 万美元的低价出售给竞争对手。1998 年，福克斯迈尔公司分别起诉了安信达咨询公司和 SAP 的开发公司，并要求他们各赔偿 5 亿美元。福克斯迈尔公司声称他们为评估一套系统花费了双倍的价钱，而其实际效能却如此之差。

1.3　加拿大的长枪登记系统

1997 年 7 月,总部设在英国的电子数据系统公司(Electronic Data Systems)和系统公司(System House Inc.),开始进行加拿大长枪登记系统的研发。最初的计划是一项采用适度信息技术、花费仅为 200 万元的项目。该预算由 1.19 亿元实施费减去 1.17 亿元用户缴费得出(此处花费的单位为加拿大元)。

但是,政治因素给项目的实施造成了阻碍。枪械游说以及其他利益相关方在前两年中一共提出了超过 1000 项修正提案。这些修订包括让该计算机系统连接超过 50 个机构,由于最初合同中不包括这项集成工作,政府需要为这些额外工作买单。2001 年,该项目的总开销已经达到 6.88 亿元,这其中包括 3 亿元的维护费。

而事情还在进一步恶化。2001 年,年度维护费用达到 7500 万元。2002 年,审计机构评估,到 2004 年该项目的花费将超过 10 亿元,而带来的收益仅为 1.4 亿元。批评人士给该项目起了一个外号叫做——"十亿元的无用功"。2012 年,加拿大长枪注册系统最终被保守党政府终止并退役。

1.4　国土安全虚拟围墙系统

美国国土安全部为提升美国边境巡逻能力,拟建立"虚拟围墙"系统,包括:雷达、卫星、探测器和通信网络。2006 年 9 月,安全边境行动(Security Border Initiative,SBI)网络给予波音公司 2000 万美元的订单,开展一项亚利桑那州与墨西哥边境中一段长达 28 英里①地段的测试。

但是,在 2009 年初国会发现该试点项目被迫延期,因为一些用户没有进入项目流程,而且项目的复杂性被低估。2008 年 2 月,美国政府

①　1 英里=1.609 千米。

问责署(Government Accountability Office，GAO)报告，雷达会受到降水及其他天气的干扰；尽管摄像头设计了远距离目标放大的功能，但在拍摄 3.1 英里以外时，图像像素过低因而没有使用价值。此外，当地住户还投诉该测试项目对 Wi-Fi 网络通信系统造成了干扰。项目面临延期和预算超支。2010 年 4 月，SBI 网络项目经理辞职时指出，系统设计缺陷只是诸多需要关注问题中的一项。

1.5　合理的计划工作

你认为要避免大部分上述灾难性的项目失败，最该从何处着手？一组足够乃至完善的计划工作阶段加上适当的项目分析，可能会带来很大的改变。

作为对比，我们来看一下勇气号(Spirit)和机遇号(Opportunity)火星探测车的情况。这两个火星探测车的设计和计划都是火星探测车(Mars Exploration Rover)项目集的一部分。它们于 2003 年发射升空，并在 2004 年成功在火星表面着陆。这两架火星探测车的任务是，至少在火星表面实施 90 天的数据采集工作。勇气号在 2004 年 1 月 4 日着陆，并于 2011 年 5 月 25 日失效。其任务持续时间超过七年，传回地球的数据远超预期。机遇号的情况更好，在 2014 年的时候它仍然在执行任务并收集数据。

计划、分析和设计工作在这个项目中的重要性是无可比拟的。为胜任相关工作，火星探测车要足够耐用，需要对各种紧急情况做好计划，而测试工作需要清晰全面地予以覆盖。这些前期工作是相关空间探索项目获得巨大成功的原因之一。

第 2 章 | 计划的学术研究史

项目——一种有计划的任务。

——《简明牛津词典》(1999 年版)

2.1 项目计划的研究

传统观点认为,项目计划和分析是十分重要的;如果前期能够为项目做出更完满的计划,项目的成功率将会大幅上升。项目的研究和长久以来的经验,以及项目管理者都认可项目计划的重要性,在计划活动上花费的时间,将有效减少工作进程中面临的风险,增加项目成功的可能性。从另一个方面来说,不适当或者不全面的项目计划,将会导致项目失败。如果拙劣的计划工作导致项目的失败,将会在全球范围内造成数以万亿计的美元损失。这显然会对项目和整体经济产生极其重大的影响。

但是我们必须要问——计划会不会过多?在商业术语中,同样有一种现象,叫做"分析瘫痪"(analysis paralysis)[1]。该现象指由于进行过多的分析工作,而导致实际工作并没有启动或错过最佳启动时机。同样,像敏捷方法(agile method)这样的"轻量级"项目管理技术,在被开发出来之后便逐渐获得大众的认可[2]。敏捷方法的部分观点认为——较少的初始计划更为有利,并且一个可以不断优化的进程更有效率。甚至,敏捷方法似乎暗示前期计划并不有效。敏捷方法主张不应该在

---

[1] Rosenberg, D. and Scott, K. (1999). Use Case Driven Object Modeling with UML: A Practical Approach. Reading, MA: Addison-Wesley.

[2] Lindvall, M., Basili, V., Boehm, B., Costa, P., Dangle, K., Shull, F., Tesoriero, R., Williams, L., and Zelkowitz, M. (2002). Empirical findings in agile methods. Extreme Programming and Agile Methods—XP/Agile Universe 2002 2418: 81-92.

项目前期做太多的计划,前期计划过多可能会导致过于僵化,以至于无法保障客户利益最大化。最成功的项目应该是不断发展进化,以便最大限度上满足客户的需求。

公司的成功和员工们的未来都系于项目的成功之上,因而干系重大。例如,铱星项目[①],以及福克斯迈尔公司存在的计划不周和执行不力的问题导致了公司的破产。

笔者回忆起 20 世纪 90 年代曾在一个项目中工作的经历,一家新开办的公司以过于乐观的目标向一家大公司出售了一个项目。他们声称每天能够扫描 10 万份文件,并且能够识别手写文字,且正确率高达 80％以上。在各方面都达成共识之后,为实现项目的目标笔者开始着手该项目的管理。当发现这些目标显然不可能得以实现的时候,项目管理团队对合同进行了非常仔细的审查,而且还聘请了律师。如果项目的领导者花费多一些时间在前期分析上,他们可能会对目标的困难程度有更清晰的认识,并且明白事实上他们的目标不太可能实现。笔者并没有留任项目经理,现在看来这真是一件幸运的事。之后,笔者加入另一个项目团队,毫无疑问这家公司拯救了笔者,使本人免于参与那些律师和高管们的诉讼会议,也不必承受那些不必要的压力。在很多情况下,作为项目经理你可能会进入一个在计划阶段已经经历过失败的项目中,如果是这样的话你在该项目中几乎不会有什么作为。

2.2 一般管理领域关于计划的研究史

至少早在 20 世纪初,著名甘特图的发明者甘特[②],以及最早定义商业领域计划工作的古利克等人,在其管理学的研究论著中就指出了计划工作的重要性[③]。甘特图(见图 2.1)用普遍的柱形图对项目进度进行

---

① Collyer, S., Warren, C., Hemsley, B., and Stevens, C. (2010). Aim, fire, aim—Project planning styles in dynamic environments. Project Management Journal 41(4): 108-121.

② Gantt, H. (1910). Work, Wages and Profit, published by The Engineering Magazine, New York, 1910; republished as Work, Wages and Profits, Easton, PA: Hive, 1974.

③ Gulick, L. H. (1936). Notes on the Theory of Organization. Gulick, L. and Urwick, L. (eds), Papers on the Science of Administration. New York Institute of Public Administration.

描述。在第一次世界大战期间得到广泛使用,不过,甘特图在项目计划工作中的广泛使用,还是在计算机问世之后。笔者在 20 世纪 90 年代初首次接触到甘特图,之后还很少见到在信息技术、远程通信或者金融领域,有人使用其他类型的项目调度图。不过,在政府和军事领域则更多地使用网络图表和计划评审技术(program evaluation and review technique,PERT)。

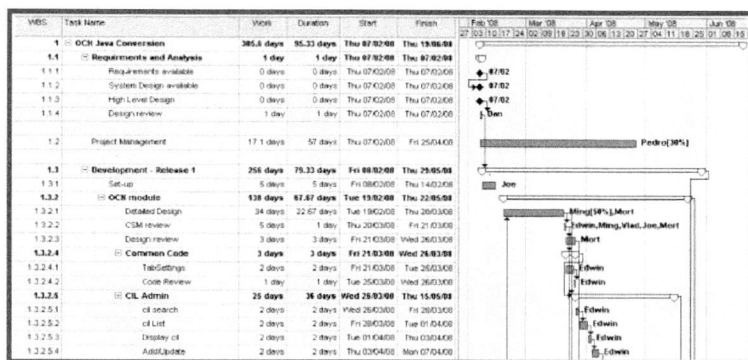

图 2.1　甘特图示例

早在 1949 年,高茨就曾指出[1],"管理性计划工作是为了达成理想的目标,寻求实现项目实施过程的一致与协调。如果没有合适的计划,行动只能成为一片混乱的随机行为"。

这并不是说每个人都认可此种说法。从 20 世纪 70 年代开始,诸如明茨伯格和科特尔等一批研究人员[2][3],更加重视项目的具体行动和人员之间的沟通。他们的观点认为,对于运营成功的企业来说,成功管理者应具备迅速反应以做出关键决策的能力;而与灵活性相比,计划工作对商业成功而言可能并不是最为重要的事情。他们还声称,成功的领导者不需要把许多时间都耗费在细节性计划会议上,而应将其时间用

① 　Goetz, B. E. (1949). Management Planning and Control: A Managerial Approach to Industrial Accounting. New York: McGraw-Hill.

② 　Mintzberg, H. (1975). The manager's job: Folklore and fact. Harvard Business Review 53(4): 49-61.

③ 　Kotter, J. P. (1999). What effective general managers really do. Harvard Business Review 60(6): 3-12.

于会晤关键员工、掌握公司的脉动以及对事件做出快速反应。然而，其他研究人员却试图反驳这一观点，指出计划工作在管理中的重要性是绝对不能被忽视的。例如，卡罗尔和吉伦发现计划是最重要的管理职能之一[①]，并且与团队及个人的成功都存在相关性。

2.3 学术文献中的项目计划

对于项目计划及其与项目成功之间具体关系的研究，始于 20 世纪 80 年代，随后在文献中对项目管理的研究越来越普及。在这期间，软件项目管理文献尝试定义理想的计划工作投入水平。从结果上来看，这个领域的研究并没有明确指出在项目生命周期的各个阶段应该分配多少时间。造成这种结果的原因是发现该研究方向并没有实际意义，还是因为技术项目的多样性过高，或者只是因为人们偏好不同，我们还不得而知。

计划工作是早期项目管理文献中最受人们关注和持续讨论的议题之一，尽管之后其热度有所减低。在 20 世纪 90 年代末及 21 世纪初，发表了更多关于项目成功方面的研究文献。计划工作一直是项目管理教科书中的一个重要组成部分。但即使是这样，书中关于计划工作的内容也有逐步简化的趋势。一些研究报告中发现，项目计划阶段的完整性和项目的成功之间存在紧密的联系。因此，当前关于计划的研究又开始在项目管理的学术研究中变得活跃起来。这符合大多数项目经理对计划工作重要性的理解。

2.4 现代视角下的计划工作

很明显，计划工作的重要意义在从事项目管理的群体中已经深入人心。以下的例子将阐明这种思想。这是一项基于商务化人际关系网络（LinkedIn），对项目经理行为进行的非学术性调查（见图 2.2）。该调

---

① Carroll，S. J. and Gillen，D. J. (1987). Are the classical management functions useful in describing managerial work? Academy of Management Review 12(1)：38-51.

查发现,有64％的项目经理认为项目的定义和计划工作是最重要的项目阶段,这个比例远远超过其他任何阶段。

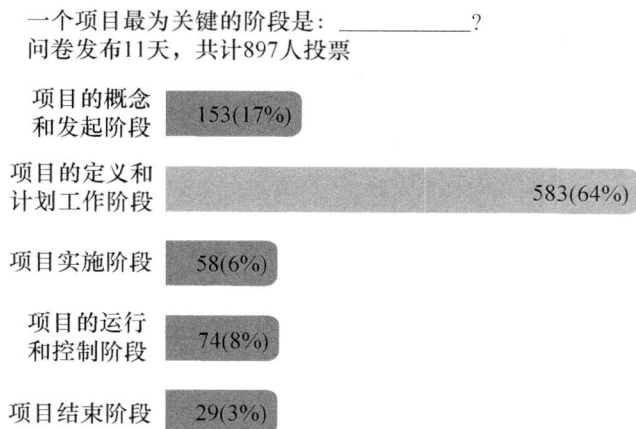

一个项目最为关键的阶段是:_____?
问卷发布11天,共计897人投票

项目的概念
和发起阶段　　153(17%)

项目的定义和
计划工作阶段　　583(64%)

项目实施阶段　　58(6%)

项目的运行
和控制阶段　　74(8%)

项目结束阶段　　29(3%)

图2.2　基于商务人际关系网络(LinkedIn)调查所得出的项目最关键阶段

尽管这项调查并不具有严格的科学性,但的确反映了那些在职项目经理对于计划工作重要性的经验和信念。在项目管理领域,这种计划工作对项目管理具有重要意义的普遍性认识,看来在项目经理之中是得到了广泛的认可。然而,项目经理用到的商业书籍却没有采纳这种观点,或许这将从整体上给项目管理领域造成损害。几乎所有的项目管理书籍都会对计划工作有所涉及,并且在某些情况下还会花费大量笔墨。不过,这些书中关于计划工作的内容,至少有60％以上可以看做是基于图2.2所反映的基本精神。

可能是因为项目管理中包含了计划工作,并将其作为项目管理的基本要素之一。例如,关于计划工作论述是《项目管理知识体系指南(第五版)》中的重要内容[1],在其论述的各类管理流程中也占有大量的篇幅。其他项目管理方法也是如此。例如,由英国政府商务部(British Office of Government Commerce,OGC)推出的《受控环境下的项目管理(第二版)》(*PRINCE2*)[2]。计划工作与项目成功是否存在相关性可

---

[1]　PMBOK® Guide,PMI®,2013.

[2]　Murray,A.,Bennett,N.,Bentley,C,(2009). Managing Successful Projects with Prince2. London:Stationery Office.

能是一个尚存争议的问题。计划工作的益处已经在长期的项目管理实践中得到不断的证实。于是，计划工作也成为所有项目和项目管理中一个必要的组成部分。

2.5　项目中的分析工作

　　计划阶段的一个主要部分就是分析和选择。在《牛津字典哲学篇》中将其定义为"将一个概念分解为较简单的几个部分，从而显示其逻辑结构的过程"[①]。因此，对于合理的计划工作而言，分析是必不可少的内容。如果你仔细回想第 1 章中所提及的那些失败项目，就会发现若其计划阶段能够做得更好一些，或许就可以避免那些遇到的麻烦。但在其中多数案例中，那些本可以通过计划阶段分析工作发现的问题，最终还是导致了项目的失败。

　　分析贯穿一个项目的全过程，在计划阶段的分析关系尤为重大。在项目的计划阶段通常需要进行需求分析和技术分析。另外，完整的项目分析工作还可能包括利益相关者分析、需求分析、风险分析和系统分析等方面的内容。

　　如果我们审视第 1 章中的失败项目就会发现，在福克斯迈尔公司和枪支登记系统的案例中，都缺少了利益相关者分析。关键利益相关者（分别为仓库工作人员和受影响的机构）没有被识别也没有参与项目。利益相关者的影响是这两个项目失败的主要原因。而系统分析和设计方面的问题是火星气候探测者号卫星和国土安全虚拟围墙系统两个项目失败的关键因素。在这两个案例中，系统分析没有能够明确主要技术风险是什么（分别是导航系统和摄录像设备）。相关解决方案的体系结构中也没有缓解这类问题的设计，因而导致整个项目的失败。

　　研究人员均认同分析工作在项目管理中具有重要性。如果我们思

[①] Blackburn, S. (2005). The Oxford Dictionary of Philosophy. New York: Oxford University Press.

考一下高茨是如何将计划定义为"基础性选择"的[①]，就会了解在计划阶段中安排分析工作的必要性。明智的选择绝对不可能在没有进行分析的情况下做出；分析应优先于计划并成为计划过程的一部分。有人甚至认为，作为计划实践的一部分，对一个项目进行详细分析的流程，从一开始就是计划工作中最有价值的内容之一。

2.6　项目计划的实践

我们接下来需要更严格地定义什么是计划。一种经典的计划定义是"为完成企业制定的目标，为工作任务编制全面的工作纲要并设定工作方法"[②]。孔茨将计划定义为"为达成目标而设计行动路线的理性决策[③]"。明茨伯格将计划描述为[④]，通过分解、衔接及合理化的手段来规范决策的工作。

高茨将计划定义为"基础性选择"[⑤]，并且如前所述"如果没有合适的计划，行动只能成为一片混乱的随机行为"。从上述所有定义中可以推论，分析是计划过程中的一个关键组成部分。

项目管理文献中对计划的定义与一般管理文献中的定义基本相同。如前所述，计划是《项目管理知识体系指南》的关键内容，在其论述的管理流程中占有大部分篇幅。另外一种广泛使用的项目管理方法（《受控环境下的项目管理（第二版）》），对于计划重要性有着相同的看法："无论项目的类型还是规模，计划工作都必不可少；它并非一件细小的琐事，而是攸关项目成败的重大问题。"艾伦·申哈教授还推荐了另一种对项目计划的定义，即计划是项目付诸实施之前的所有活动。

①　Goetz, B. E. (1949). Management Planning and Control: A Managerial Approach to Industrial Accounting. New York: McGraw-Hill.

②　Gulick, L. H. (1936). Notes on the Theory of Organization. Gulick, L. and Urwick, L. (eds), Papers on the Science of Administration. New York Institute of Public Administration.

③　Koontz, H. (1958). A preliminary statement of principles of planning and control. The Journal of the Academy of Management 1(1): 45-61.

④　Mintzberg, H. (1994). The Rise and Fall of Strategic Planning: Reconceiving Roles for Planning, Plans, Planners. Englewood Cliffs, NJ: Prentice Hall.

⑤　Goetz, B. E. (1949). Management Planning and Control: A Managerial Approach to Industrial Accounting. New York: McGraw-Hill.

我们必须理解计划阶段是什么，以及如何将计划阶段与项目的其他阶段配合衔接。很早以前，在平托和布莱斯考特关于项目管理的论著中给出了一个典型项目所包含的基本阶段①，其中当然包括项目的计划阶段，如图 2.3 所示。先前文献关于项目阶段的主要结构使用了各类不同的术语，但其基本概念和分类是一致的。

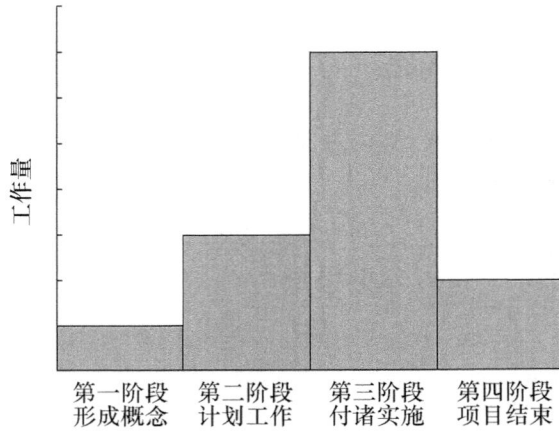

图 2.3　项目生命周期的各个阶段②

第一阶段　第二阶段　第三阶段　第四阶段
形成概念　计划工作　付诸实施　项目结束

不同产业领域和不同来源的文献，对于什么是项目的初始工作和什么是项目的计划工作有着不同的认识③④⑤。我们认为，应将在项目实施之前的分析工作，作为计划阶段的一部分。这比《项目管理知识体系指南》对计划阶段的定义更广，但这更符合建筑业计划工作的实际情况②④。就本书的主旨而言，最实用的关于计划阶段的定义，应该具有最大灵活性且便于囊括最广泛的数据。否则，项目的初始工作及形成概念的相关工作将可能被排除在研究讨论之外。结合本书的主旨，我们

---

① Pinto, J. K. and Prescott, J. E. (1988). Variations in critical success factors over the stages in the project life cycle. Journal of Management 14(1)：5-18.

② After Pinto and Prescott，Journal of Management 14(1)：5-18, 1988.

③ Hamilton, M. R. and Gibson, G. E. J. (1996). Benchmarking preproject-planning effort. Journal of Management in Engineering 12(2)：25-33.

④ PMI, Project Management Institute. (2013). A Guide to the Project Management Body of Knowledge (5th ed.). Newtown Square, PA：Project Management Institute.

⑤ Kerzner, H. (2003). Project Management：A Systems Approach to Planning, Scheduling, and Controlling (8th ed.). New York：Wiley.

对于计划阶段进行如下定义：

计划阶段——一个项目实施阶段之前的各类活动。

该定义没有对项目正式批准之前开展的初步计划和分析进行区分。但是，该定义假定这种初步工作通常是整体计划的一小部分。汉密尔顿和吉布森发表的一份研究报告显示[①]，在诸如建筑业项目中，计划阶段通常只占整体工作的 5%～10%。本书的研究目的在于，将这些初始性工作纳入更为广义的计划阶段之中。这种做法的好处在于简化相关的分析和讨论。

对计划工作的定义并不总是一致的，而评估计划工作的方法也是多种多样。一些学者可能会将用于计划活动的金钱或时间作为评估指标；另一些学者可能用计划可交付成果的质量和完整性作为评估指标。因此，便于分析我们采用以下定义：

计划投入——计划工作中所花费金钱或工时的数量。

计划质量——计划阶段的各类工作要素的质量或完整性，或者计划阶段的总体质量。

第 3 章 | 不做计划的理由

生活就是当你忙于别的计划时，发生在你身上的事情。

——艾伦·桑德斯（美国作家）

尽管现能见到的大多数文献和书籍在强调计划工作的重要性，但并不能说没有反对的声音。你可能也会问："计划真的有传统文献中所说的那么重要吗？计划真的有用处吗？"

3.1 计划的价值是什么？

安德森一篇论文的标题为"警告：行动计划会危及你的项目"，该标题的意思不言而喻[①]。他对"项目计划有益"的论点提出了质疑。他怀疑项目计划是否真的能够带来益处，并提出了这样的问题："当行动不可预见或相关行动依赖早期行动的结果时，项目计划人员该如何制定一份详细的计划？"。在几乎不知道项目未来的方向时，却要管理者们提前做出相关的决策。因而，他从概念的角度对详细计划的价值提出了质疑。

巴忒提出以下观点[②]，在研发项目中，计划过度可能会导致项目失败，因为形式上的控制会使创造力受到限制，而创造力对研发工作至关重要。不过，他也发现在某些情况下，管理者过分缩减控制和计划，这对项目也会有重要影响。毋庸置疑，没有计划和控制的项目其结果必然会很差。

---

① Andersen，E. S.（1996）. Warning：Activity planning is hazardous to your project's health. International Journal of Project Management 2(14)：89-94.

② Bart，C.（1993）. Controlling new product R&D projects. R&D Management 23(3)：187-198.

3.2 计划中的失误

计划工作的哪些方面更容易出错？

比勒、格里芬和罗斯对所谓的"计划谬误"（Planning Fallacy）进行了探讨[①]。所谓"计划谬误"是指人们总是低估完成自身工作所需要的时间，同时又往往会高估别人完成工作所需的时间。在心理学研究中发现，该现象具有普遍性和顽固性，即使在其正确性方面不断给予负反馈的情况下依然如此。人们往往对提前进度完成工作信心十足。当问及调查对象，他们能提前多长时间完成所从事的某些项目时，即使已经显示他们对于进度的预计是错误的，他们仍继续保持乐观。甚至在已经不可能的情况下，他们仍认为能够在最后期限之前完成下一组工作。

布伦纳迈尔、帕帕康斯坦丁努和帕克对于"计划谬误"的模式有如下描述[②]——"人们一开始往往低估项目所需的工作量，所以平均而言，在项目的第一阶段只完成不到一半的工作。人们得到在项目第一阶段只做少量工作的好处，于是期望在接下来的阶段中工作量会同样少。这样会使人们失去均匀优化工作量配置的可能，一般情况下，在第二阶段的工作量会比预期的更多。"其结果往往是项目不能按时完成。他们同样也注意到，人们低估自己完成任务所需的时间，又高估别人完成任务所需的时间，尤其是在其他人缺少相关工作经验的情况下。关于"计划谬误"的文献都强调，在进行计划工作时需要认真考虑这些效应。

我们在计划自身生活的时候往往会过于乐观。我们认为可以早几天完成某篇论文，这样就可以在周末放松一下。然而，为了赶上最后的时限，我们还是需要在星期天工作。我们计划花费两个周末装修自己的浴室，但是通常花费的时间比我们预想的要多出很多。如果我们在

---

① Buehler, R., Griffin, D., and Ross, M. (1994). Exploring the planning fallacy: Why people underestimate their task completion times. Journal of Personality and Social Psychology 67(3): 366-381.

② Brunnermeier, M. K., Papakonstantinou, F., and Parker, J. A. (2008). An economic model of the planning fallacy (Working Paper 14228). National Bureau of Economic Research, Cambridge.

项目中没有一个周全的计划阶段，很可能无法实现这种固执的乐观目标。

3.3　计划和商业成功

计划工作难道不是商业成功的关键吗？

奥尔普指出[①]，在战略计划中花费更多时间的小企业并没有比其他小企业表现出更好的业绩。然而，他的调查也表明，高绩效公司的战略计划工作更具结构性，并且计划工作也更为周全。这包括拥有正式的计划委员会、对计划重要性有更强的认识、在计划中考虑竞争对手并且定期对计划进行更新；而以上这些都与较好公司的业绩有关。至少，结构性计划是公司成功的关键。那些没有认真开展结构化战略性计划工作的企业，其市场业绩表现都明显不及开展结构性计划的企业；并且在此例中计划的质量比计划的数量更重要。

3.4　计划工作与避免失败

所有的大型项目都会面临交付延期和预算超支的问题，为何计划工作未能提供帮助？

他们肯定有一个详尽的计划阶段。弗林夫伯格、霍尔姆和布鲁对258个合计价值达900亿美元的交通基础设施项目进行了调查[②]，这些项目包括不同的类型、地域及进度要求。他们得到确切的统计结论——用于决定这些项目是否应予立项的成本评估具有误导性。这一点说明，即使开展了计划和分析工作，不论其是否理想，高层管理者都可以选择性地使用这些建议性的信息。但是，范·马勒惠克及其同事

---

① Orpen, C. (1985). The effects of long-range planning on small business performance: A further examination. Journal of Small Business Management 23(1): 16-23.

② Flyvbjerg, B., Holm, M. S., and Buhl, S. (2002). Underestimating costs in public works projects: Error or lie? Journal of the American Planning Association 68(3): 279-295.

指出①，相较于误导性的评估，大规模基础设施项目受到政治性和结构性问题的影响更常见也更严重。他们同时也指出，通过追加额外的计划和控制并不能解决这些问题。只有当此类型的问题得到解决时，项目才能够取得成功。因此，对于大型项目，首先应关注那些不利的政治性及结构性问题，而对误导性评估风险的关注还在其次。我们可能都会猜测，错误的评估更可能直接影响一项决策，而不是直接引起一个项目团队的失败。高层管理者可能会认为，虚报低价的评估报告是获得商业合同的最好方式。他们或许可以通过较低的报价将项目推销出去，但之后就会为成本超支的情况而犯愁。在这种情况下，项目团队明知项目将会延期交付和预算超支，也只能按部就班地执行。

随着项目管理和项目计划工作的成熟，完善的计划工作难道不应该促进项目的成功吗？

马格吉纳斯和费尔特认为②，尽管随着时间的推移评估技术不断改善，而评估结果的准确性却没有那么理想。他们认为有一些因素，如过分强调压低预算的想法会对评估造成干扰。这可能会导致一些不利的结果，例如，选择了不适当的项目，或者成本超支的数额比最初被否决方案的还要多。他们甚至认为，对于某些项目而言，如果当初能被否决的话，可能对组织才更为有利。他们指出，计划工作的有效性通常会被其他目标破坏。洛夫、爱德华兹和艾拉尼同样指出③，在建筑领域，不切实际的客户需求是导致订立错误合同文件的一个因素。他们还注意到，计划阶段中出现的错误是导致严重偏差的最常见原因之一。

当然，在不能预见所有的意外时，制定一个成功的计划可能是很困难的。

---

①　van Marrewijk, A., Clegg, S. R., Pitsis, T. S., and Veenswijk, M. (2008). Managing public-private megaprojects: Paradoxes, complexity, and project design. International Journal of Project Management 26(6): 591-600.

②　Magazinius, A. and Feldt, R. (2011). Confirming distortional behaviors in software cost estimation practice. In Proceedings of the 37th EUROMICRO Conference on Software Engineering and Advanced Applications (SEAA) (pp. 411-418).

③　Love, P. E. D., Edwards, D. J., and Irani, Z. (2008). Forensic project management: An exploratory examination of the causal behavior of design-induced rework. IEEE Transactions on Engineering Management 55(2): 234-247.

　　科利尔及其同事剖析了澳大利亚潜艇项目和铱星项目等的案例[①]。这些项目被认为是失败的,因为在项目实施过程中技术和环境发生了很大的变化,这就导致依旧遵循初始计划执行的项目不能够获得成功。他们指出,在动态环境中,项目要在实施过程中不断调整,以便适应技术的变化。如果计划工作的前提假设出了问题,通常项目就会失败。他们还给出了这样的结论:"有指导意义的是,在不断变动的环境下,项目早期阶段过分强调细节,可能会给项目带来问题或造成误导。"科斯凯拉和豪厄尔认为[②],保持计划实时更新是一件十分困难甚至不可能的事情。没有实时更新的计划,项目工作就会变成某种类似于无序管理的事情。

　　麦克法伦通过分析信息系统(information system,IS)领域的三个案例[③],既发现了计划工作的好处,也认识到了计划工作的局限:"与具体的预测相比,正式计划和控制措施具有更多的主观性,巨大的风险在于无论是信息系统的管理者还是高层管理者都没有意识到这一点。他们或许相信他们有精确的计划和严格的控制,而事实上这两者他们都没有。"麦克法伦指出,哪怕是有效的计划也不能完全预见某些复杂的技术故障或者失误。这些故障或失误往往罕见,但造成的代价高昂,而在计划工作中要预见它们却非常困难。举其中一个例子,在一项虚拟屏幕设计制造中,为了控制成本不超出 20 万美元(此处指 1981 年美元的价值)需要硬件和软件双方面的变化。供应商甚至不得不从头开始制造一种新型芯片来解决现有问题。如果这类突发意外事件的出现概率是 1%,那么我们将如何制定成本预算? 对于 99% 的情况,也就是说当此种意外事件不会发生时,预算将会显得太高。而另一种情况下,也就是对于剩下那 1% 的概率来说,则成本将非常难以评估。相关人员该如何从一开始准确预估该项目的成本就是 20 万美元,而不是 10 万美元

　　① Collyer, S., Warren, C., Hemsley, B., and Stevens, C. (2010). Aim, fire, aim—Project planning styles in dynamic environments. Project Management Journal 41(4): 108-121.

　　② Koskela, L. and Howell, G. (2002). The underlying theory of project management is obsolete. IEEE Engineering Management Review 36(2): 22-34.

　　③ McFarlan, F. W. (1981). Portfolio approach to information systems. . Harvard Business Review 59(5): 142-150.

或者 100 万美元呢？为这种突发事件或其他多种可能事件做计划几乎是不可能实现的。

笔者个人也有相似经历。我们曾使用一种备受认可的工作流程工具，它被许多人认为在同类工具中是最好的。该工具的情况似乎很好并且风险也较小。但是，这仅限于建立在第一版 UNIX 系统下。由于没有在其他版本的 UNIX 系统中调试过，该产品的接口充斥着漏洞，而且这些漏洞很难查找。实际上，我们把赌注压在该工具 1.0 版本的项目上。最后的结果相当糟糕，以至于我们不得不放弃它，并建立自己的代码将其取代。毫无疑问，这导致我们的项目遭受了重大延迟，甚至考虑可能需要放弃整个项目。对项目经理来说这并不是一段有趣的经历。我们能够为以上这种情况做出计划吗？这个问题还有待讨论。

在回顾关于软件相关的方法论时，菲茨杰拉德同样发现"项目后期的工作有赖于前期的成功，而这需要准确的预见性"[1]。项目后期的工作在多数情况下都是发生在前期背景下，前期工作做得不好就会影响后期工作的进行。当被问及关键成功因素（critical success factors，CSF）时，大多数人不会往计划方面去想。

彭恩及其同事通过模糊集合分析法，对于五种不同的项目情况进行研究发现[2]，在五种成功关键因素中，高水准计划工作的重要性位居倒数第二位，排在高层管理支持、用户参与以及方法论的后面。言下之意是，相比于高水准的计划工作来说，以上这些关键成功因素对于项目的成功更为重要。

当然，在一些环境中制订计划是比较困难的，因为需求时时刻刻都可能发生改变。科利尔和沃伦认为[3]，在动态环境中事件发生的速度较快，以至于超过了重新计划所能容纳的能力。他们认为，一开始就为这

---

[1]　Fitzgerald, B. (1996). Formalized systems development methodologies: A critical perspective. Information Systems Journal 6(1): 3-23.

[2]　Poon, S., Young, R., Irandoost, S., and Land, L. (2011). Re-assessing the importance of necessary or sufficient conditions of critical success factors in it project success: A fuzzy set-theoretic approach. In ECIS 2011 Proceedings, Vol. 176.

[3]　Collyer, S. and Warren, C. M. (2009). Project management approaches for dynamic environments. International Journal of Project Management 27(4): 355-364.

些项目建立详细的长期计划可能是浪费时间和资源,并且会导致不切实际的期望。他们指出,在动态环境中相对于高层次计划和详细计划,组织机构更倾向于选用诸如滚动式计划等技术,以便在不同的阶段对计划进行修订和重置。奥布里、霍布斯和图里耶在一项关于项目管理办公室(Project Management Offices,PMO)的研究中指出[1],至少有一个机构的研究显示,过于循规蹈矩的计划过程会阻碍成功项目所必需的推进速度。在该案例研究中,虽然其他三个组织暂时没有反映出这种问题,但这类问题显然是可能发生的。通过对有关创新方面的管理学研究文献的回顾,卡普萨利总结得出[2],学者们普遍认为过度计划不利于创新。例如,她认为作为创新项目而言,"项目活动的不确定性、复杂性和独特性会使控制变得较为困难,并且更有可能造成计划的偏离。因为,计划编制工作所面对的是一系列的突发事件,而由于之前没有过先例,这些突发事件并不能够被充分预见。"

　　计划工作及其对项目成功的影响,可能也取决于所涉及的产业类型。泽维克尔和格洛伯森认为[3],尽管在软件和通信产业组织中的计划工作质量较高,这些产业的项目成功率仍然相对较低。他们注意到,造成这种情况的原因可能是较高的技术和环境风险、控制问题或者不自量力的承诺。针对信息技术领域项目中时有发生的计划缩减或取消问题,查特兹格罗与麦考利提出了以下几点见解[4]。

　　项目经理不使用计划的理由或借口包括:

　　(1)如果想要开发进程被认为是成功的和有用的,那么质量是最为重要的问题;

　　(2)现有的计划模型提供的预测是不准确和不可靠的,而且还要依赖于许多通常一开始并不能预估的输入变量;

　　① Aubry, M., Hobbs, B., and Thuillier, D. (2008). Organisational project management: An historical approach to the study of PMOs. International Journal of Project Management 26(1): 38-43.

　　② Kapsali, M. (2011). Relating in Project Networks and Innovation Systems. Retrieved from http://ssrn.com/abstract=1969395.

　　③ Zwikael, O. and Globerson, S. (2006). Benchmarking of project planning and success in selected industries. Benchmarking: An International Journal 13(6): 688-700.

　　④ Chatzoglou, P. and Macaulay, L. A. (1996). Requirements capture and IS methodologies. Information Systems Journal 6(3): 209-225.

（3）时间通常也是非常有限的，最好能够跳过计划并开始研制所需的系统。

但是，经验告诉我们，以上这些理由没有一个能站得住脚。

缺乏计划可能会导致不正确的推测以及未经深思熟虑的执行；修复这些错误所需的返工通常会占用项目相当一部分时间，这也许远远超过花费在计划工作上的时间。

3.5　计划与延误

关于计划工作为何仍然不够理想的问题，或许还有更为深入的原因。关于为何将过多时间用于需求计划，查特兹格罗与麦考利给出了一些看法[①]，他们将其称为需求的掌握和分析（requirements capture and analysis，RCA）。"众所周知，在系统开发过程中投入 RCA 阶段的时间越多，则在下一阶段出现的问题和错误就会越少，因而系统开发需要的时间和成本就会相对较少。不过，这也总有一定的限度，一定不能过度，否则，会对整体结果产生负面影响"。项目需要在时间节点之前完成；但在计划阶段的任何延误，不仅会导致计划阶段的成本增加，而且在项目的下一个阶段产生连锁反应。

托马斯等人认为[②]，"项目经理会经常受到来自高层管理者施加的压力，诸如'尽快开始工作'或者'做出些进展'，而这些高层管理者意识不到计划工作在项目中的价值。本研究收到项目经理们的回复普遍反映上述情况确实存在"。上述情况表明，在大多数项目中都存在要求削减计划阶段时间和投入的压力。布伦纳迈尔等人从心理学角度指出[③]，快速完成任务的动机导致了项目计划缺失现象的增多。怀德曼指出[④]，

①　Chatzoglou, P. and Macaulay, L. A. (1996). Requirements capture and IS methodologies. Information Systems Journal 6(3): 209-225.

②　Thomas, M., Jacques, P. H., Adams, J. R., and Kihneman-Woote, J. (2008). Developing an effective project: Planning and team building combined. Project Management Journal 39(4): 105-113.

③　Brunnermeier, M. K., Papakonstantinou, F., and Parker, J. A. (2008). An economic model of the planning fallacy (Working Paper 14228). National Bureau of Economic Research, Cambridge.

④　Wideman, M. (2000). Managing the development of building projects for better results. Retrieved from www. maxwideman. com.

在建筑业项目中改变一个详细的计划可能会增加成本和风险："在设计过程中，对现有的设计做出重大改变，比从零开始还要更加困难且代价更高，这可能并不像一般人所理解的那样。原因在于，越是要求增加细致的协调工作，就越会给相关系统造成偶然偏差和风险"。最后，正如德维尔等人所说的那样[①]，"尽管有一些说法认为，过度的计划可能会降低项目团队的创造力；但毋庸置疑，最基本的计划仍然是项目所必需的"。

很少有学者认为不需要开展计划工作，或者认为计划工作并不重要。尽管也存在一些相反的观点，但多数研究文献并不支持在项目中不必开展计划工作。

---

① Dvir, D. , Raz, T. , and Shenhar, A. (2003). An empirical analysis of the relationship between project planning and project success. International Journal of Project Management 21(2)：89-95.

第 4 章 项目成功与计划

凡事预则立,不预则废。

——《礼记·中庸》

在详细探讨项目计划对成功的影响之前,首先要解决的问题是弄清楚到底什么才算作成功项目。传统意义上,对项目成功的判定指标主要关注项目是否能按照时间进度、质量和预算完成。这就是所谓的三重约束或称"铁三角",如图 4.1 所示。

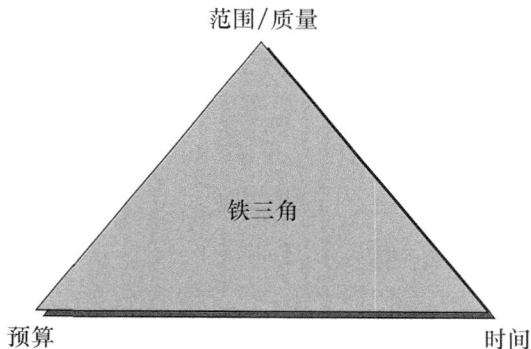

图 4.1　项目成功的三重约束

4.1　三重约束

上述项目成功的观念已经非常普遍,甚至成为了普世性的观念。不过,项目成功通常可以通过广泛的途径加以定义。尽管在过去对项目成功的评估主要关注有形资产,但是当下的主流观点是——最终,项目的成功应由项目发起者和利益相关者给出恰当的判断。在项目完成之后，项目成果给客户和客户满意度带来的影响，与项目成功的相关性越来越高，并且项目其他方面对商业活动造成的影响也同样与成功相关。以上这些方面可能包括增加商业利润、增加市场份额、提升效率以及更快的市场响应速度。这些收益同样可以与以下内容有关——为未来准备组织方面及技术方面的基础建设，拓展在组织中的技能和能力，或为市场、创意、创新和产品开辟新的机会。这并不是说"铁三角"模型在项目管理中不再重要了。笔者曾经很多次用"铁三角"模型向利益相关者说明人不可能不付出代价而获得收益。

笔者曾经管理过一个成像软件项目。整个项目团队曾经一起建立了计划，并完全投入该项目的工作之中。随着开发工作的完成日期不断临近，首席程序员意识到，他们非但不能在时间节点之前完成交付，甚至需要退回到测试的开始阶段。首席程序员决心不让这种事情发生，他两天没有回家，进行了连续 48 小时的马拉松式的代码编写，完成了程序的最后那一部分。最终，总算在时间节点之前完成了项目，团队中的每个人都感谢他的艰苦努力。然而，当下周一开始进行测试时，这一加班策略的问题开始显现出来。该代码无法正确工作，并且第一组测试完全失败。经过检查发现，该代码不仅存在漏洞，而且还存在重大的设计缺陷。一个在凌晨 4 点写代码的人，不会像一个有充足时间和精力的人那样去思考和分析，并对他的设计作出深思熟虑的决策。最后，测试必须停止，只能重新设计和重新编写代码。这种马拉松式的编码不仅没有帮助，甚至还阻碍了项目的进展。在这个案例中，虽然项目的时间看似压缩了，但是项目的质量也随之下降。正如"铁三角"模型所显示的约束性，这种失败的结局是必然会发生的。

4.2　项目时间框架

在 1980 年以前，大部分的文献认为，项目在交付时就结束了，同时这也是项目管理的终结点。从一个项目和项目经理的立场来说，这是可以理解的。对一个项目的界定就意味着其中包括一个结束的日期，到了这个结束日期项目经理可能就被解除在项目中的职务，或被调遣到另一个项目中去。然而,项目管理研究有时也会审视项目在更广范围内的影响。

平托和斯莱文指出[①],"在项目管理领域很少有一个主题,像项目成功的概念那样,虽然开展了极其频繁的讨论,但又很少能够达成统一的意见"。申哈、利维和德维尔认为[②],在时间、预算、范围这三个衡量项目效率的传统维度中,范围的作用最为重要。它不仅仅是审视项目效率的一个重要方面,而且对客户和客户满意度也产生影响。他们认为,"同样,项目经理必须关注其公司业务的各个方面。他们再也不能无视大局,只专注于完成自己的工作。他们必须了解商业环境,并且把他们的项目视为公司为了赢得其竞争优势、收益和利润,而为之奋斗的一个组成部分。"他们还指出,对那些诸如低技术含量的项目而言,更倾向于采用效率作为衡量其成功的指标。

4.3　更为广义的成功

通过回顾过去四十年时间中有关成功项目的研究文献,杰德维和穆勒发现[③],一种更为全面的用来评估成功的方法正逐渐引起学者们的关注。学者们对于项目成功的评定越来越多地参考其对组织的影响,而不是仅参考其是否满足上述传统的三重约束。他们指出,即便一个项目的管理职能履行得不好也能够成功。例如,电影《泰坦尼克号》就被吹捧为,虽然之前经历了预算超支的挫败,但最终成为第一部创造了超过 10 亿美元票房收入的电影。

悉尼歌剧院在建造的时候经常遭遇到进度拖延,也有很多次预算金额超支。其进度拖延和预算超支的情况有多严重? 1957 年,该项目开始的成本预估是 700 万美元,预计在 1963 年 1 月 26 日(澳大利亚国

①　Pinto, J. K. and Slevin, D. P. (1988). Project success: Definitions and measurement techniques. Project Management Journal 19(1): 67-72.

②　Shenhar, A. J. , Levy, O. , and Dvir, B. (1997). Mapping the dimensions of project success. Project Management Journal 28(2): 5-9.

③　Jugdev, K. and Müller, R. (2005). A retrospective look at our evolving understanding of project success. Project Management Journal 36(4): 19-31.

庆日）完工。但是，歌剧院最终的完成日期是 1973 年，并且最终开销是 1 亿 200 万美元。整个项目拖延了十年之久并且 14 次追加预算，不过悉尼歌剧院最终还是成为了整个悉尼市的地标性建筑。作为世界上最著名的建筑之一，很难将悉尼歌剧院定义为一个失败的项目。现在，几乎所有人都已经忘记了该项目在实施过程中遭遇的进度拖延和预算超支的问题。

　　拓宽项目成功指标范围的重要性，已经得到了广泛的认可。例如，《项目管理知识体系指南》的最新版本中不再提及三重约束[①]。而今，除了时间、预算和范围之外，增加了顾客满意度作为进一步衡量项目成功的指标。然而，还是有人坚持认为，时间、预算和范围这三项指标仍然是项目管理中十分重要的组成部分。

4.4　效率与成功

　　作为对于项目经理能力和项目成功方面一系列研究的一部分，穆勒和特纳定义了项目成功的 10 个维度[②]。在该项研究中，达成时间、预算和范围目标是调查对象们最常提及的关于成功的维度，其被提及的频率通常是其他任何一项指标的两倍。很显然，对于项目经理而言，效率方面仍然是非常重要的。

　　通过对来自 280 名项目经理调查数据的分析，泽维克尔和格洛伯森所得出的成功相关维度，与上述研究结果具有类似的比例分布[③]。通过图 4.2 可以看出，技术业绩（项目效率）和利益相关者满意度之间具有高度相似的比例分布。这里所指的技术业绩类似于满足项目的范围需求。另外，他们还发现了技术业绩和客户满意度之间的线性关系，结果表明在这两方面之间存在很强的相关性。

---

　　① PMBOK® Guide, PMI®, 2013.

　　② Müller, R. and Turner, J. R. (2007). Matching the project manager's leadership style to project type. International Journal of Project Management 25(1)：21-32.

　　③ Zwikael, O. and Globerson, S. (2006). Benchmarking of project planning and success in selected industries. Benchmarking：An International Journal 13(6)：688-700.

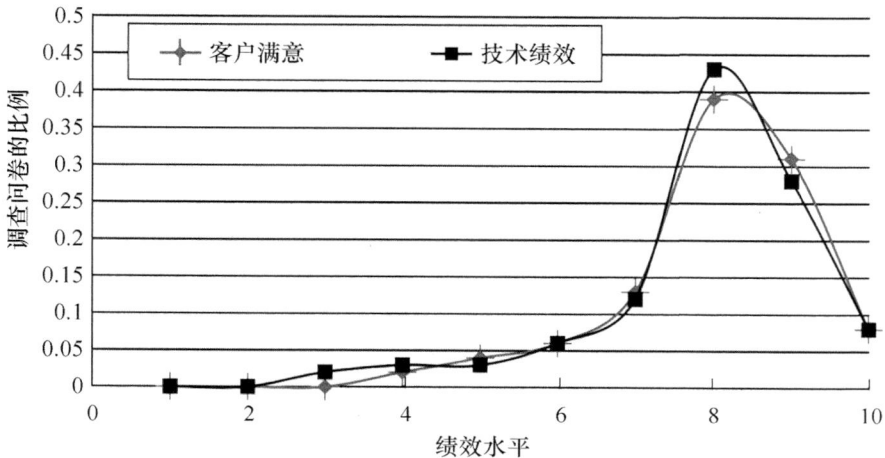

图 4.2　技术业绩与顾客满意度的比例分布示意图①

德维尔、特斯维和申哈同样发现②，"达成计划目标、终端用户利益、承包商利益和总体项目成功 4 个成功指标之间具有高度的相关性，这意味着如果项目被认为是成功的，则所有的利益相关者也是成功的。"质量或范围与规格、技术性能以及功能目标有密切的相关性。这将显著影响多个项目利益相关者的观念。其他研究者指出，项目成功的所有指标都包含传统意义上的成功因素，即时间、成本和性能。不过，要根据这些研究成果，让项目管理协会（PMI）从最新版本的《项目管理知识体系指南》中去除三重约束，还有些为时过早。

可以这么认为，那些从项目效率的角度来看管理良好的项目，从整体成功的角度来看同样是运行良好的。上述研究文献也支持这种观点。因此，为了达成本书的目标，笔者对项目效率及整体项目成功都给予关注，并对项目成功的这两个方面都进行讨论。

①　After O. Zwikael and S. Globerson, Benchmarking: An International Journal 13（6）：688-700,2006.

②　Dvir, D., Raz, T., and Shenhar, A. (2003). An empirical analysis of the relationship between project planning and project success. International Journal of Project Management 21(2)：89-95.

这两个方面的定义分别为：

项目效率——达成项目成本、时间和范围目标；

项目成功——达成广义的商业及企业目标。

大多数关于项目成功的研究都使用问卷调查或访谈方式，其结果依赖参与者对于一个项目成功状况的陈述。所以，就本质而言其结果都具有主观性。有人可能认为，或许存在以客观方式衡量成功的方法。然而，这可能只适用于对项目效率的研究。因此，鉴于本书主要关注对项目成功的理解，还不能假设在评估项目成功时是完全客观的。正如那句被一再引用过的话——感知往往就是现实存在。

如前所述，对特定的项目而言，项目成功和项目效率通常具有相关性[1][2]。不过，是否有方法来衡量这种相关性？笔者将在第 5 章中讨论这个问题。

---

① Dvir, D., Raz, T., and Shenhar, A. (2003). An empirical analysis of the relationship between project planning and project success. International Journal of Project Management 21(2)：89-95.

② Zwikael, O. and Globerson, S. (2006). Benchmarking of project planning and success in selected industries. Benchmarking：An International Journal 13(6)：688-700.

第 5 章 | 效率与成功

成功的百分之八十在于呈现。

——伍迪·艾伦(美国著名导演、编剧及演员)

长期以来,项目成功一直是项目管理相关文献的热点话题。过去的二十年里在关于项目成功的研究领域内最流行的一个研究方向是项目的效率,即时间、预算和范围目标。而这些并不是评估成功的最好方法,因此应使用更为广义的成功评估指标。不过,对项目成功的研究而言,效率是否依旧重要,以及重要性可以达到什么程度?目前,对项目效率与广义项目成功之间的关系,还没有完善的实证性研究。笔者在本书中对这种关系进行了调查分析。

在研究中笔者收集到了 60 个以上国家中的 1300 余个项目的数据。笔者在本书后面的部分中将使用这些数据进行分析。在附录 A 中,可以看到这些数据收集和分析的详细信息。

在对研究进行设计时笔者认为,项目计划阶段的工作与基于感知判断的项目成功之间,应该可以找到某种相关关系。由于人们感知与观察总要基于一定的主观性判断,所以笔者得出的结论不能保证完全的客观。例如,项目成功等一些概念无法完全被量化,其评价还受到调查对象与调查人员主观判断的影响。当然,本书中也涉及计划阶段的投入和成本、整体项目的投入和成本以及项目计划阶段投入的百分比等一系列客观量化指标。

为便于分析,我们将成功问题分为三项指标。对这三项成功指标的运用贯穿全书,这三项指标的详细内容如下:

效率指标 = 将以下三个问题结果的均值作为综合指标:

(1)在达成项目预算目标方面该项目表现如何?

（2）在达成项目时间目标方面该项目表现如何？

（3）在达成项目范围目标及需求目标方面该项目表现如何？

利益相关者成功指标 ＝ 将以下四个问题结果的均值作为综合指标：

（1）项目发起人和利益相关者如何评价项目的成功水平？

（2）你如何评价项目团队对项目的满意度？

（3）你如何评价客户对项目结果的满意度？

（4）你如何评价最终用户对项目结果的满意度？

总体成功指标 ＝ 将以下八个问题结果的均值作为综合指标：

（1）你如何评价该项目的总体成功水平？

（2）在达成项目预算目标方面该项目表现如何？

（3）在达成项目时间目标方面该项目表现如何？

（4）在达成项目范围目标及需求目标方面该项目表现如何？

（5）项目发起人和利益相关者如何评价该项目的成功水平？

（6）你如何评价项目团队对该项目的满意度？

（7）你如何评价客户对该项目结果的满意度？

（8）你如何评价最终用户对该项目结果的满意度？

分析中不仅使用了以上三个指标，为评估项目总体成功而向调查对象提出的问题都也在分析之列。对这些指标的一致性分析（见附录B）显示，所有指标之间存在很高的一致性。研究发现，项目范围是一项与总体成功指标密切相关的效率要素。正如申哈、利维和德维尔所指出的："项目范围是总体成功三项约束条件中最重要的组成部分"[1]。

传统项目成功评估方法的关注点在于达成项目的进度和预算目标[2]。芒斯和贝杰米注意到，关于这一点很多研究文献都认为"当项目成果交付给客户后项目就结束了，而这就是项目管理的终止点。但他

---

① Shenhar, A. J., Levy, O., and Dvir, B. (1997). Mapping the dimensions of project success. Project Management Journal 28(2)：5-9.

② Kerzner, H. (2003). Project Management：A Systems Approach to Planning, Scheduling, and Controlling (8th ed.). New York：Wiley.

们没有进一步考虑项目一旦投入使用后的要求"[①]。这也可以理解,项目的定义意味着项目有一个结束日期,一旦到了这个日期,项目经理就会被解职或调到另一个项目工作。

回顾本书第 4 章可以看到,项目效率与项目成功不是同一事物,但是两者之间一定存在某种形式的联系。

为了认知这种联系的本质,笔者首先研究了调查对象的项目成功率和成功指标之间的关联性。读者可以回忆过去学过的统计学课程,相关性是指同一组样本的两个以上指标存在共变趋势的程度。相关系数为 1 表示这些指标具有完全相关性;相关系数为 0 则表示它们之间没有任何关系。

此处,一种对项目成功的评价方法是,在一个问题中要求调查对象评价项目的总体成功水平;另一种评价方法是,将一系列调查问题的结果综合成一个结果。

分析表明,除效率指标外,总体成功问题调查所得结果与各类主要成功指标之间的相关度接近 90%。这表明管理者对总体项目成功的评价与综合各类成功指标所得的结果之间存在非常密切的相关性。然而,项目的效率指标与管理者对总体项目成功的评价之间只显示出 0.58 的相关性,如表 5.1 所示。

表 5.1　项目成功率与成功指标的相关性

相关性 $p<0.05$ 表示具有显著相关性,项目样本量 $N=1386$		
	效率指标	利益相关者成功指标	总体成功指标
调查对象的整体项目成功率	0.58[a]	0.87[a]	0.88[a]

a. $p<0.05$。

统计分析中,p 值是需要讨论的另一个主题。p 值是出现观察到极端情况的检验统计概率。换言之,p 值是观察结果为偶发事件的概率。p 值为 0.1 表明,出现的结果有 10% 的可能性是因为随机性而出现的,

---

① Munns, A. and Bjeirmi, B. (1996). The role of project management in achieving project success. International Journal of Project Management 14(2): 81-87.

因而可以认为没有显著相关性。作为经济学中大多数研究的标准，大多数情况下笔者使用 $p < 0.05$ 作为统计结果的判断标准。研究中所得统计结果通常远优于这个界线值。请注意，在笔者的分析中 p 值并不是唯一重要的数值。一个结果或许拥有一个非常好的 p 值，但如果决定系数 R^2 值较低则为弱相关，因而重要性也较低。研究中对这两个因素都进行了检验。

5.1　项目效率与项目成功

　　对所有成功相关指标的相关性进行两两比较，其结果如表 5.2 所示。调查对象自评的成功评分与总体成功指标的相关系数为 0.88，而与利益相关者成功指标的相关系数为 0.87。效率指标与其他项目成功指标的相关性最低，其与利益相关者成功指标的相关系数为 0.60，而与调查对象自评的项目成功评分的相关系数为 0.58。

　　表 5.3 给出了项目成功指标与构成项目效率的各类要素（时间、成本和范围）之间的相关系数。各项目效率构成要素与利益相关者成功指标之间的相关性在 0.4 与 0.6 之间。与各类项目成功指标相关度最高的要素是项目范围目标。这与申哈等人的研究结论一致[①]，他们也发现项目范围对于项目成功具有很大影响。

表 5.2　各类项目成功指标之间的相关性

相关性

$p < 0.05$ 表示具有显著相关性，项目样本量 $N = 1386$

	项目成功评分	效率指标	利益相关者成功指标	总体成功指标
项目成功评分	1.00	0.58[a]	0.87[a]	0.88[a]
效率指标		1.00	0.60[a]	0.83[a]
利益相关者成功指标			1.00	0.94[a]
总体成功指标				1.00

a. $p < 0.05$。

---

① Shenhar, A. J., Levy, O., and Dvir, B. (1997). Mapping the dimensions of project success. Project Management Journal 28(2): 5-9.

表 5.3　项目成功指标与效率指标构成要素的相关性

相关性
$p<0.05$ 表示具有显著相关性, 项目样本量 $N=1386$

	项目成功评分	效率指标	利益相关者成功指标	总体成功指标
项目预算目标	0.41^a	0.83^a	0.42^a	0.63^a
项目时间目标	0.51^a	0.88^a	0.51^a	0.72^a
范围及需求目标	0.54^a	0.77^a	0.58^a	0.72^a

a. $p<0.05$。

最后, 完成了效率指标与成功指标的回归分析, 下面进行更为深入的统计分析。

决定系数 R^2 为预测模型提供了一项评价指标, 用以判定预测结果可能达到何等水平。例如, 假定你在购物并且没有信用卡, 只有 100 美元现金。那么, 你有多少现金和最多可以花多少钱购物之间的决定系数 R^2 就是 1.00。这与你所带的现金数量直接相关, 你身上的现金越多你可以花销的就越多。然而, 如果你除了 100 美元现金外还带了一张 400 美元限额的信用卡, 则你有多少现金和最多可以花多少钱购物之间相关性的决定系数 R^2 就是 0.20($\$100/\$500$)。但实际并没有这么简单, 因为我们的研究对象是社会科学和经济学。如果我们的研究目标是一个人到底会花多少钱, 那么就需要考虑一些相关指标, 例如: 商店中的商品或价格如何, 过后你是否需要钱来吃晚饭, 以及到你下一次发工资还有多久。你带了多少现金和实际将会花多少钱购物之间的决定系数 R^2 或许相当小, 可能会是 0.10 或 0.05。因此, 用口袋中的现金数量推测一个人购物时的消费意愿, 可能只有 10% 的解释力, 这种解释力或许是少了一些。总而言之, 决定系数 R^2 表明一个变量对另一个变量能有多大的影响。在社会科学中, 决定系数 $R^2>0.6$ 表明两个变量具有高度的同一性, 决定系数 R^2 超过 0.05 即可认为有研究意义, 即使决定系数 R^2 小于 0.05, 在某些情况下依然具有研究意义。

现在, 我们已经可以通过对决定系数 R^2 的检验, 来了解项目效率对总体成功的影响程度, 如表 5.4 所示。该分析结果同样显示了项目效率与项目成功之间具有相关性。根据表中数据, 效率指标与成功指

标之间的决定系数 R^2 为 0.36，显著性水平 p 值相当低，说明具有统计学意义。此结果表示，达成项目进度、预算及范围目标，对一个项目总体成功的影响程度可以达到 36％。

表 5.4　效率指标与成功指标的回归分析

	项目数量	R	R^2	p 值
效率指标	1386	0.602	0.362	0.000

如相关研究文献所述[①]，以及本书中反复强调的，项目成功和项目效率并不相同。通过笔者的研究可以确认，对于总体项目成功而言，项目效率不是其最终决定因素，但也不完全独立于项目成功之外。项目效率与各类成功指标之间的相关系数仅为 0.6 左右，而各类成功指标各自之间却是高度相关。

5.2　实际应用

从实际应用的角度来看，此研究结果意味着什么？对项目成功的评估和规划，不仅应该包括时间、成本和范围等传统指标，还应该包括更为广泛的指标。项目效率指标与总体项目成功的相关性只有 60％。项目经理应该意识到，当他们规划项目的成功目标时，应将更为广泛的成功指标纳入考虑范围之内，并使之成为计划流程的一部分。

不过，反之亦然。如果你忽视效率，特别是项目范围，即使从长远来看你也不可能交付一个完全成功的项目。本章开篇引用伍迪·艾伦的名言所表达的意思是：作为一个真正成功的项目，就必需呈现（或交付）给它的利益相关者。长远来看，如果项目能在规定的时间和预算内呈现出来，将有助于它的成功。

---

① Jugdev, K. and Müller, R. (2005). A retrospective look at our evolving understanding of project success. Project Management Journal 36(4)：19-31. Cooke-Davies, T. J. (2002). The real success factors in projects. International Journal of Project Management 20(3)：185-190. Shenhar, A. J., Levy, O., and Dvir, B. (1997). Mapping the dimensions of project success. Project Management Journal 28(2)：5-9.

第 6 章 | 各类产业计划工作的差别

不管人还是老鼠,如意算盘打得再好,结局也常常难如所料。

于是留给我们的,只有那悲哀和痛苦,而非所盼的那份美妙。

——罗伯特·彭斯(英国诗人)

不同产业可能需要项目具有不同的形式,其项目管理也有着不同的需求。这无疑会影响计划工作及其之于成功的效果。

泽维克尔和格洛伯森发现[①],建筑和工程产业的计划工作质量最高,宣告成功的次数也最多;而制造业和维修业的计划工作质量最低,宣告成功的次数也最少。"建筑和工程产业组织有着最高的项目成功记录和最好的计划工作质量记录。制造和维修类产业组织的项目成功记录最低,其计划工作质量记录也最低"。他们还发现,软件和通信产业组织的情况并非如此,其计划工作水平较高,但实施项目的结果却经常不理想。他们认为这可能是因为较高的技术和环境风险,或者控制问题或项目的目标定得过高。当然,我们也无从得知,这些产业项目在没有高质量计划的情况下成功率是否会更低。

制造业和维修业很少关注项目管理,也没有深厚的项目文化和项目计划文化。服务业的计划工作质量排名第三,项目成功率排名第二;软件业和通信业的计划工作质量排名第二,而项目成功率排名第三。这后两项结果可能是因为计划工作对各类产业的影响,也可能是因为软件业和通信业面临的环境更具有挑战性。笔者认为其原因显然是后者。项目管理培训受到软件业和通信业界的欢迎,特别是因为在他们的业界环境中常面临项目失败的考验。虽然,这类产业对计划工作要

---

① Zwikael, O. and Globerson, S. (2006). Benchmarking of project planning and success in selected industries. Benchmarking: An International Journal 13(6): 688-700.

求很高，但或许仍然难以完全抵消其业界竞争挑战和复杂环境带来的风险。

泽维克尔还证实了《PMBOK®指南》(《项目管理知识体系指南》)中九项知识领域对于项目成功的重要性，并按产业类别分析了它们的影响机制[①]。泽维克尔证明了在不同的产业内，影响项目成功的知识领域会明显不同。该研究认为计划工作的重要性、计划工作最重要的领域包括哪些，以及最优的计划工作量会根据产业不同而存在差异。

在笔者早期职业生涯中，曾做过一个核电站的工程师。在那里笔者开始理解计划工作的积极作用，这既是专业的需要也是个人兴趣所在。作为一个维修工程师，笔者被指派确保相关设备备用配件的有效性。对于使用频率很低的零件，这包括查看存货清单以及在存货只剩一、两件时订购备用零件。你可以想象，当需要一个零件的时候，等两个星期交付是不行的。电站不能因等待一个零件而停产，哪怕只是一个小小的密封条也不行。因此，当零件的存货只剩一、两件时，常常要尽快订货。笔者当时就意识到，将这个原则应用到生活的方方面面，可以节约时间、减少麻烦。不要企图在物资用尽的时候才想到采购；当你快要用尽的时候把它记下来。例如，在你的冰箱上面放一个动态清单，为你家的牛奶、食糖或卫生纸的存货做一个小小的预先计划和应急预案，这样做可以省下时间来做其他事情。这是一个很普通的案例。预先花一点时间计划，随后可以节约更多的时间。

科利尔等人发现[②]，对不同的产业而言，计划工作的方法途径千差万别。他们分析了不同产业环境下计划工作变动性的差异。从较少变动的建筑产业和国防产业，到高度变动的影视业、风险投资业及技术开发产业。例如，建筑项目具有非常详细的要求（建筑蓝图），如果没有通过认真的变更控制审核，其内容在项目实施过程中不可变动。与之类似，一项国防项目对建造装备的功能有确切的定义。另一方面，影视业

---

① Zwikael, O. (2009). The relative importance of the PMBOK® Guide's nine Knowledge Areas during project planning. Project Management Journal 40(4): 94-103.

② Collyer, S., Warren, C., Hemsley, B., and Stevens, C. (2010). Aim, fire, aim—Project planning styles in dynamic environments. Project Management Journal 41(4): 108-121.

或风险投资业却需要较高的灵活性。如果在项目实施过程中遇到一些事项难以到位,应迅速调整以确保成功。例如,如果影视节目拍摄不顺利,应找一个新编剧重写一下,而不是坐等拍摄失败。再如,在风险投资领域,如果一个产品发现了意料之外的新市场,管理者需要修订产品并向该市场发布。这些环境充满变动,通过改变做出应对并利用意料之外的机遇,对这些产业而言非常关键。

针对动态环境给项目推进造成的挑战,科利尔等给出了一系列的应对方法[①]。

稳健执行的方法。该方法尽可能避免对项目设定的范围和计划做任何改动,多被用于建筑产业和国防产业的项目管理。

应急计划的方法。最初只制定顶层的计划,随着工作的进展不断完善相关细节。这种方法受到来自众多不同产业受访者的赞同。

分段实施-缩窄范围的方法。将一个大项目分解为多个小项目逐个实施。这种方式可能部分起源于敏捷方法论,已被用于制药和技术开发领域。

方案竞争对比的方法。提出两个以上的设计方案,平行开展工作,选择其中能最好地满足环境变化需求的方案。这种方法多被影视业、风险投资业和高技术产业采用。

团队相互竞争的方法。通过严格的项目团队竞标,对最终项目成功者给予高额奖赏,从而确保项目团队的能力足以应对不断变动的环境。

诺贝利叶斯和特吕格指出[②],不同类型的项目,其前端工作的内容有很大的不同。例如,对现有产品的生产线建设项目而言,市场分析的重要性总体上排在第一位;但是对于研究/调查类项目或现有产品的改进项目,市场分析并不重要。不同项目在人员和需求方面存在差异,这一点并不奇怪。单纯的建筑项目不需要市场分析,而对银行的项目来

---

① Collyer, S., Warren, C., Hemsley, B., and Stevens, C. (2010). Aim, fire, aim—Project planning styles in dynamic environments. Project Management Journal 41(4): 108-121.

② Nobelius, D. and Trygg, L. (2002). Stop chasing the front end process-management of the early phases in product development projects. International Journal of Project Management 20(5): 331-340.

说，市场分析对计划阶段工作的许多方面都具有重要意义。鉴于不同项目存在的这种差异性，我们是否可以认为计划工作对于项目具有普遍的重要意义？本书的后续章节将给出答案。

目前，还没有各类产业计划需求方面的确定性研究。不过，现有研究显示，不同公司甚至不同的项目，对计划工作的需求都存在差别，不同产业需要不同的计划工作和计划工具。可见，计划工作无疑具有多样性。

不同产业领域乃至不同项目，对计划工作的需求具有差异。

关于计划工作和成功的问题，在建筑产业和信息技术产业领域有着丰富的研究成果。其中的理论将在本书第 8 章和第 9 章分别进行详细介绍。

第7章 地理、产业与成功

让我们将忧虑化作思考和计划。

——温斯顿·丘吉尔（英国前首相）

7.1 新研究

一个有趣的问题是，总体而言不同国家和产业的项目成功率是否存在差别。有研究文献对这一领域进行了讨论，但还没有予以充分研究。因为，笔者研究对象具有全球性特征，可以对项目成功率在不同地区及不同产业之间的差异作简要分析。你或许可以回忆第5章的内容，成功的问题分为三个成功指标的组合。对这些项目成功指标的使用贯穿本项分析研究，他们包括：

效率指标；

利益相关者成功指标；

总体成功指标。

本项分析研究将此三项指标及相关问题提交调查对象，用以全面评价项目的成功。

7.2 产业因素

首先，按照产业类别对成功指标进行比较，如表7.1所示。作为对上述三项成功指标的补充，还单独向调查对象提出了"项目成功评分"的问题。

表中我们可以看到建筑业的项目成功指标最高。这与相关文献的研究结果一致,建筑业总体上的成功率优于其他产业[①]。而零售业和制造业的成功率最低。尽管建筑业建立了完善的项目管理,但并不一定优于制造业和零售业,这可能并非巧合。

然而,目前还很难发现其他的变化趋势,并且方差分析也未显示各类指标与产业分类具有显著性关系(表中 $p(F)$ 值表明统计学显著性)。值得注意,某些产业要么项目效率的分值较高,要么利益相关者成功的分值较高。例如,专业服务业的效率分值高于平均水平,但其利益相关者成功的分值却低于平均水平。这并不奇怪,如果专业服务企业推迟交付或偏离项目范围就会招致处罚。然而,长期利益相关者满意度指标可能未被写入他们的合同,则是另一方面的原因。

表 7.1　各类产业项目成功指标对比

	总体成功指标	效率指标	利益相关者成功指标	项目成功评分	样本量
建筑业	3.5	4.6	3.7	3.5	41
金融服务业	3.3	4.6	3.4	3.4	257
公共事业	3.3	4.5	3.6	3.5	42
政府部门	3.4	4.7	3.4	3.4	152
教育产业	3.4	5.1	3.5	3.5	42
其他产业	3.3	4.5	3.2	3.2	157
高技术产业	3.4	4.8	3.5	3.5	223
通信产业	3.4	4.8	3.5	3.4	133
制造业	3.2	4.3	3.3	3.3	122
健康服务业	3.4	4.9	3.4	3.3	113
专业服务	3.3	4.8	3.3	3.4	69
零售	3.2	4.4	3.0	2.9	35
总体	3.3	4.7	3.4	3.4	1386
$p(F)$ 值	0.69	0.40	0.50	0.88	

笔者职业生涯中,曾经参与过许多涉及咨询公司提供专业服务的

[①]　Zwikael, O. and Globerson, S. (2006). Benchmarking of project planning and success in selected industries. Benchmarking: An International Journal 13(6): 688-700.

项目。在为项目做计划时,如果涉及咨询公司,最好牢记这些公司需要营利。笔者发现,为获得合同他们将派遣其资历最深且经验丰富的职员设计解决方案。不过,真正完成该项工作的团队可能并不是那些高端人士,而很可能是被刻意包装的青年才俊。因为,初级职员无法要求高薪,人工成本低廉。应该预料到那些由于缺乏经验而出现的学习曲线现象和错误的问题,如果计划工作中没有考虑这些,很可能对项目成功造成重大影响。公司应全力以赴以满足合同确定的时间和预算目标。尽管其他方面也可能会出现一些问题,笔者的研究结果显示这尚可容忍。

7.3　地理因素

本节关注区域因素造成的差异,如表 7.2 所示。值得注意的是其中成功评分因地区因素而显著变化。方差分析结果显示所有指标的 p 值均具有显著性。

表 7.2　不同地区项目成功指标对比

	总体成功指标	效率指标	利益相关者成功指标	项目成功评分	样本量
印度次大陆	3.32	4.51	3.39	3.38	97
北美洲	3.44	4.79	3.47	3.42	756
撒哈拉以南非洲	3.20	4.44	3.24	3.11	37
澳大利亚	3.22	4.45	3.22	3.35	49
欧洲	3.26	4.52	3.29	3.24	213
拉丁美洲	3.07	4.23	3.10	3.10	83
俄国及苏联	3.25	4.17	3.42	3.42	12
太平洋	3.39	4.81	3.37	3.38	24
中东	3.25	4.43	3.32	3.23	82
远东	3.14	4.77	3.00	2.88	32
总体	3.39	4.65	3.44	3.41	1386
$p(F)$值	0.01	0.01	0.02	0.05	

太平洋地区的平均效率指标最高,北美紧随其后,远东再次之;而俄国的效率指标最低,拉丁美洲和非洲次之。有人猜测可能是因为非洲自然环境较为恶劣,因而很少有项目能够按时、按预算完成。另一方面,北美利益相关者成功指标最高,俄国和印度次大陆居于其次;而远东、拉丁美洲和澳大利亚的利益相关者成功指标最低。

利益相关者成功和效率的成功评分看来与地区没有关联。效率较高的地区并不常有更好的项目整体性成功记录。

接下来,通过从区域到国际的对比,分析不同项目范围成功评分的均值,如表 7.3 所示。尽管国家级项目的成功分值似乎最高,但还不能认为这些指标的均值有明显差异。方差分析证实了这一点,因为所有 p 值均未达到显著性水平。不过,效率指标的 p 值已接近 $p < 0.10$ 的显著性水平。

表 7.3　从区域到国际项目范围的成功指标对比

	总体成功指标	效率指标	利益相关者成功指标	项目成功评分	样本量
城市级或地区级	3.3	4.7	3.4	3.3	577
国家级	3.4	4.7	3.4	3.4	367
国际级	3.3	4.5	3.4	3.4	442
总体	3.4	4.6	3.4	3.3	1386
$p(F)$值	0.44	0.09	0.70	0.61	

我们还将着眼于不同产业中效率指标和其他成功指标的关联程度,如表 7.4 所示。这表明了达成进度、预算和范围目标对项目整体性成功是何等重要。值得注意,公共事业、健康服务业和专业服务业的效率指标与利益相关者成功指标高度相关。这种关联意味着达成进度、预算和范围目标对其他成功指标具有影响。在政府部门和高技术产业中则没有这种关联。关于高技术产业会有如此结果或许会让人感到惊讶,不过对政府部门而言这种结果并不十分奇怪。我们可以通过分析对不同的产业而言何种效率要素最为重要,更为深入地了解这种关系。

表 7.4　各类产业中效率指标与其他成功指标的相关系数

	项目成功评分	利益相关者成功指标	总体成功指标	样本量
建筑业	0.530	0.635	0.845	41
金融服务业	0.635	0.680	0.859	257
公共事业	0.744	0.706	0.896	42
政府部门	0.465	0.410	0.730	152
教育产业	0.592	0.627	0.852	42
其他产业	0.507	0.579	0.815	157
高技术产业	0.498	0.515	0.806	223
通信产业	0.664	0.651	0.860	133
制造业	0.692	0.687	0.878	122
健康服务业	0.606	0.694	0.868	113
专业服务	0.658	0.673	0.854	69
零售	0.598	0.616	0.830	35

注:上述所有结果的显著性水平均达到 $p < 0.001$。

表 7.5　各类产业中利益相关者成功指标与各效率要素的相关系数

	预算目标	时间目标	范围目标	样本量
建筑业	0.47	0.71	0.44	41
金融服务业	0.50	0.57	0.66	257
公共事业	0.55	0.55	0.70	42
政府部门	0.30	0.30	0.42	152
教育产业	0.094[a]	0.57	0.70	42
其他产业	0.41	0.47	0.57	157
高技术产业	0.39	0.43	0.46	223
通信产业	0.40	0.56	0.68	133
制造业	0.49	0.67	0.56	122
健康服务业	0.46	0.57	0.61	113
专业服务	0.45	0.56	0.66	69
零售	0.35	0.47	0.70	35

a. 标注的结果在 $p < 0.05$ 水平上不具有显著性,其余结果均具有显著性。

　　柯兹纳分析了在必须权衡取舍时,何种产业更倾向于牺牲时间、成本或范围(绩效)①。我们可以将其作为对比分析的基础。表 7.5 显示,在公共事业、金融服务业和健康服务业领域,预算目标与利益相关者成功具有最强的关联性。有趣的是这与柯兹纳对公共事业和健康服务业的研究结论完全一致,只是在金融服务业上存在不同。表 7.5 描绘了一幅不同产业在优先选择方面可能存在差异的有趣的图画。此处的分析总体上与柯兹纳的研究一致,其中接近一半的研究发现完全一致,其余则部分一致或有所相悖。

　　因此,我们可以依据上述全部证据和前人的研究得出如下结论:

　　不同的地区以及不同的产业,其项目成功率存在差异。

---

　　① Kerzner, H. (2009). Project Management: A Systems Approach to Planning, Scheduling, and Controlling, (10th ed.). New York: Wiley(p. 736).

| 第 8 章 | 建筑业领域的计划工作 |

没有计划的目标,只是一个愿望。

——安东尼·圣艾修伯里(法国作家)

建筑领域的项目管理具有悠久的历史,在该领域关于计划工作与项目成功的研究很多。与其他产业领域或其他项目管理领域相比,这一领域的研究比较到位。建筑业的项目管理原则曾在项目管理发展的过程中扮演关键角色,该主题至今仍在项目管理的研究文献中占据突出地位。

8.1　建筑领域的研究

通过对澳大利亚多家建筑公司的调查,法尼兰、奥罗耶和勒纳发现[①],"建筑项目的实际成本与最初授予合同时文件中规定的成本存在差异,而投入计划工作的时间是决定项目实际成本变动的关键因素"。他们发现,计划工作的时间变量对项目成本变量的方差贡献率为 16%。类似地,计划工作中用于收集信息和需求的时间变量,对项目质量变量的方差贡献率为 14%;它若连同以往建筑经验的话,二者对项目进度变量的方差贡献率则达到了 18%。他们还发现计划工作时间与项目成本之间的关系——增加计划工作时间有助于控制项目总预算。可见,对于规模较大或成本较高的项目应在计划工作中投入更多的时间。遗憾的是,他们只研究了时间花费,而没有研究投入和预算的问题。最后,他们指出对建筑业而言,要提升计划工作的有效性可从如下两方面

---

① Faniran, O. O., Oluwoye, J. O., and Lenard, D. J. (1998). Interactions between construction planning and influence factors. Journal of Construction Engineering & Management 124(4): 245.

着手:

（1）在开始其他工作前,投入充足、有效的时间开展计划工作;

（2）把工作重点放在选择适当的施工方法上,而不仅仅放在进度的编制上。

这是少数研究计划工作时间与项目成功关系的文献之一。不过,其分析关注的是计划工作对相关指标方差的影响,而非计划工作对项目成功的直接影响。

针对计划阶段策划环节中失误造成返工的问题,洛夫、爱德华兹和艾拉尼进行了研究[1]。他们发现"在建筑和工程项目中,由于策划失误所致的返工占所有返工情况的70%以上"。在此案例研究中,他们发现设计失误造成的预算超支吞噬了被调查公司的所有利润。尽管案例中的客户提前获得了大楼,但参与的建筑公司都认为这个项目是失败的。人们可以想象诸多失败项目就是这种情况。正如第1章中所阐明的那些失败案例,计划工作中的失误会导致项目失败,从火星气候探测者号卫星到加拿大枪支登记都是如此。

汉密尔顿和吉布森发现[2],提升建筑业前期项目计划工作的质量,有助于项目达成其经济目标。从计划工作的视角看,排名前三位的项目更容易达成其经济目标,而排名后三位的项目则很少能达成其经济目标。在对这些项目进度绩效和目标实现情况的分析中,也得到了相似的结果。

谢胡和阿津托耶在一项英国建筑产业项目集管理的研究中发现[3],高效的计划工作是最重要的关键成功因素（critical success factor, CSF）。在认定的22项关键成功因素中高效的计划工作排名首位。该研究指出,项目集管理包括一组项目的管理,并且项目集管理与项目管

---

① Love, P. E. D., Edwards, D. J., and Irani, Z. (2008). Forensic project management: An exploratory examination of the causal behavior of design-induced rework. IEEE Transactions on Engineering Management 55(2): 234-247.

② Hamilton, M. R. and Gibson, G. E. J. (1996). Benchmarking preproject-planning effort. Journal of Management in Engineering 12(2): 25-33.

③ Shehu, Z. and Akintoye, A. (2009). The critical success factors for effective programme management: A pragmatic approach. The Built & Human Environment Review 2: 1-24.

理的关键成功因素存在区别。然而,他们也指出"具体项目管理和项目集管理具有协同性关系"。本书的重点是具体项目管理,而不是项目组合或项目集管理。不过,值得注意的是计划工作对项目组合和项目集的成功同样重要。尽管计划工作对项目集和项目组合而言也很重要,但详细的计划通常是在具体项目层面完成的。研究如何做好项目集和项目组合的计划工作是下一本书的主题。

8.2 项目定义评价指数

一种用于测评项目计划工作质量的方法已被用于建筑产业领域。项目定义评价指数(the project definition rating index,PDRI)是一种测评项目范围定义完整性的方法,1996 年由美国营建研究院(Construction Industry Institute,CII)开发。该工具在建筑领域被各类业主和设计师广泛采用。作为一项前期项目计划工作质量的指标,它得到了设施产业界和建筑产业界的认可。项目定义评价指数以一种分数表的形式,提供了一组包含 64 项范围定义要素的综合清单。项目定义评价指数得分在 200(含)以下,显示项目会有较高的成功概率。没有任何计划工作所对应的项目定义评价指数分值为 1000。表 8.1 给出了项目定义评价指数的详细内容。

表 8.1 项目定义评价指数的部分、类别和要素

第一部分 项目决策的基础	B7. 预期项目生命周期
A. 生产目标准则	B8. 社会议题
A1. 可靠性思想	C. 研发基本资料
A2. 可维护性思想	C1. 技术
A3. 运营思想	C2. 流程
B. 经济目标	D. 项目范围
B1. 产品	D1. 项目目标说明
B2. 市场战略	D2. 项目设计准则
B3. 项目战略	D3. 场地特征的实际条件与要求
B4. 支付能力/可行性	D4. 拆卸与拆除要求
B5. 能力	D5. 工作中的领导与纪律
B6. 未来扩张的思考	D6. 项目进度

续表

E. 价值工程

E1. 流程简化

E2. 设计与原料的替代考虑与拒绝

E3. 对施工能力分析的策划

第二部分　前端定义

F. 场地信息

F1. 场地位置

F2. 问卷调查和土质试验

F3. 环境评估

F4. 许可证要求

F5. 公共设施资源及供给条件

F6. 防火及安全考虑

G. 流程/机械

G1. 工序流程单

G2. 热量和物料平衡

G3. 管路和设备原理图设计

G4. 工艺安全管理

G5. 公共设施流程图

G6. 技术参数

G7. 管道系统要求

G8. 配置图

G9. 机械设备列表

G10. 管线列表

G11. 接头列表

G12. 管道专业项目列表

G13. 仪表索引

H. 设备范围

H1. 设备状态

H2. 设备位置图

H3. 设备使用要求

I. 民用、结构和建筑方面要求

I1. 民用/结构要求

I2. 建筑要求

J. 基础设施

J1. 水处理要求

J2. 装/卸/存储设施要求

J3. 运输要求

K. 仪器和电气

K1. 控制哲学

K2. 逻辑图

K3. 电气领域分类

K4. 变电所要求/经鉴定的能源

K5. 电气单线图

K6. 仪表和电气规格

第三部分　实施途径

L. 采购策略

L1. 识别长周期/关键设备和材料

L2. 采购规程和计划

L3. 采购责任矩阵

M. 可交付性

M1. 电脑辅助设计与制图/模型要求

M2. 可交付物定义

M3. 分配矩阵

N. 项目控制

N1. 项目控制要求

N2. 项目会计要求

N3. 风险分析

P. 项目执行计划

P1. 业主审核要求

P2. 工程/建筑计划和方法

P3. 关闭/周转要求

P4. 预投料试车周转次序要求

P5. 启动要求

P6. 培训要求

资料来源：After E. Gibson and P. Dumont, Project Definition Rating Index (PDRI) for industrial projects; CII Research Report 113-11. The Construction Industry Institute, 1995.

　　吉布森等人指出[①]，研究结果显示对工业和建筑业项目而言，有效的前期项目计划工作会带来成本、进度和运营特征方面绩效的改进。

　　该研究还发现"从样本项目中收集到的项目绩效和项目定义评价指数的数据显示，项目定义评价指数与项目成功具有统计学相关性；项目定义评价指数的分值越低（表示在细节策划前对项目范围进行了较好的定义），则项目成功的概率越高"。

　　此外，吉布森和帕帕斯指出[②]，在基于项目定义评价指数进行的项目成功实证测评中，存在显著差异。其结果如表 8.2 所示。该表反映了项目定义评价指数对建筑业项目成功的影响。

表 8.2　建筑业 PDRI 得分在 200 以上和 200 以下项目的对比

绩效	PDRI 得分	
	<200	>200
成本	预算结余 3% 以上	预算超支 13% 以上
进度	进度提前 3% 以上	进度拖延 21% 以上
更改订单	预算的 7%	预算的 14%
	（N=17）	（N=61）

资料来源：After E. Gibson and M. P. Pappas, Starting Smart Key Practices for Developing Scopes of Work for Facility Projects. Washington, DC: National Academies Press, 2003.

　　表 8.3 反映了项目定义评价指数对工业项目成功的影响。其中，项目定义评价指数的总体平均得分为 238。

表 8.3　工业 PDRI 得分在 200 以上和 200 以下项目的对比

绩效	PDRI 得分	
	<200	>200
成本	预算结余 3% 以上	预算超支 9% 以上
进度	进度提前 1% 以上	进度拖延 8% 以上

---

　　①　Gibson, G., Wang, Y., Cho, C., and Pappas, M. (2006). What is pre-project planning, anyway? Journal of Management in Engineering 22(1): 35-42.

　　②　Gibson, E. and Pappas, M. P. (2003). Starting Smart: Key Practices for Developing Scopes of Work for Facility Projects. Washington, DC: National Academies Press.

续表

绩效	PDRI 得分	
	<200	>200
更改订单	预算的 6%	预算的 8%
	(N=35)	(N=27)

资料来源:After E. Gibson and M. P. Pappas, Starting Smart Key Practices for Developing Scopes of Work for Facility Projects. Washington, DC: National Academies Press, 2003.

他们还进一步指出,"事实上,由于设施建设计划具有时常反复甚至混乱的特征,很多业主面对这种不确定性时,干脆略过完整的计划流程直接着手实施项目,或者决定将前期项目计划工作全部交给承包商代理,而这经常造成灾难性的后果"。

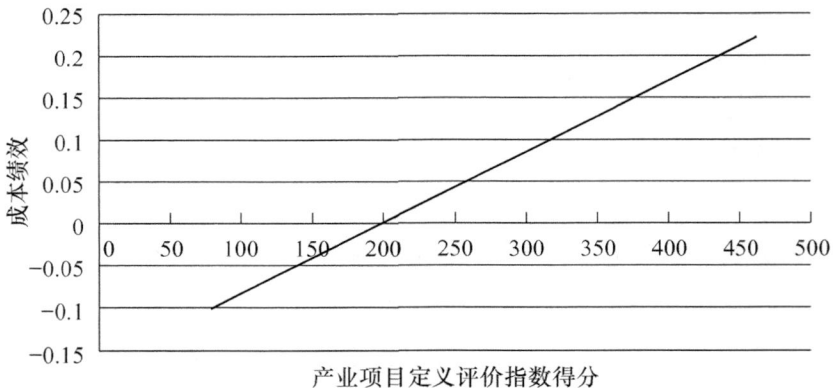

图 8.1　成本绩效与工业 PDRI 得分关系

王和吉布森对 62 个工业项目和 78 个建筑项目的前期项目计划数据进行了收集和分析,其项目总额大约 50 亿美元[①]。他们发现,前期项目计划工作直接影响项目成功(成本和进度绩效)。图 8.1 清晰地说明了这一点,图中计划工作质量与成本方面的项目成功呈现出一种线性关系。

---

① Wang, Y. -R. and Gibson, G. E. (2008). A study of preproject planning and project success using ANN and regression models. In The 25th International Symposium on Automation and Robotics in Construction, ISARC-2008 (pp. 688-696).

　　除了从理论角度利用文献来确证计划工作的重要性之外，学者们在建筑行业领域还开展了大量的实证研究，在"计划阶段工作完整性及质量"和成功之间建立起了关联。通过这些扎实的研究以及上述具有说服力的实际关联，可以得出如下结论：

　　　　在建筑产业领域，计划工作的完整性水平与项目成功具有正向相关性。

第 9 章 信息技术领域的计划工作

> 每早都能为一天的工作做出计划并按时完成的人，一定能够紧握那根引导自己前行的线索，走出人生中最为忙碌的迷宫。而在没有计划的地方，对时间的支配将屈从于偶然事件，统治一切的只有混乱。
>
> ——维克多·雨果（法国作家）

富于复杂性和风险的软件产业领域引起了项目管理者们的研究兴趣，并产生了许多令人瞩目的研究成果。软件项目的高失败率和众所周知的重大项目失败，刺激了信息技术（information technology，IT）产业项目管理的成长[1][2]。

9.1　IT 领域的研究

范·基纳查特恩回顾了 20 世纪 80 年代后期软件研发项目延期的原因[3]。他指出，过分乐观的计划、不切实际的计划以及对复杂性的低估是造成软件项目推迟的三项主要原因。他发现，一项研究中显示，项目延期有 44% 源于过分乐观的计划。另一项研究发现，项目延期有 20% 源于对复杂性的低估。他还发现，受损机构的总经理们认为，造成进度延迟和成本超支的首要原因是前端计划不完善，其次则是不切实际的项目计划。此项研究中，总经理们甚至认为这些问题是比项目经

---

①　Sessions，R.（2009）. The IT complexity crisis：Danger and opportunity. ObjectWatch，Inc. Retrieved from http://www. objectwatch. com/whitepapers/ITComplexity WhitePaper. pdf.

②　Standish Group，The（2011）. CHAOS Manifesto 2011. The Standish Group. Retrieved from http://standishgroup. com/newsroom/chaos_manifesto_2011. php.

③　Van Genuchten，M.（1991）. Why is software late? An empirical study of reasons for delay in software development. IEEE Transactions on Software Engineering 17(6)：582-590.

理更为重要的因素。这些数据有力表明,在软件研发项目中多开展计划工作和需求分析不无裨益。这已成为软件研发项目的一个信条,也表明在包括计划阶段在内的项目早期阶段,投入更多努力会带来收益。

迪普豪斯等人指出[①],"很多公司都反映的高额软件维持费,大多是由于不切实际想法的系统开发造成的"。他们进一步指出,"在原型设计策略中没有计划,返工会造成进度和预算方面的巨大损失。大量的返工经常给系统带来新的漏洞,并降低总体质量"。乔根森和勃姆指出[②],软件项目评估方法领域的挑战仍然存在,通常不到 10% 的项目在其实施过程中能达到最初评估目标的 10%,尽管在 IT 项目管理领域,通过正式方法以及优化实践,以求改进软件项目评估(计划阶段的一项关键工作)的工作已经进行了很多年。

通过回顾 77 个 IT 项目,穆勒和特纳发现了合同运作期的计划工作(合同签订后的详细计划工作)和项目进度调整之间的关联性[③]。他们发现,较好的合同运作期计划能够满足进度目标的要求。如果计划工作完成得好,项目就能按进度或提前于进度,如果计划工作完成得不好,就会给进度带来负面影响。

陶斯沃茨指出[④],作为一项重要的计划工具,工作分解结构(work breakdown structure,WBS)对软件项目的成功具有明显的益处。他将其定义为,"工作分解结构是一种全部工作活动的细目,它基于对细节的层次化提炼,把目标工作系统分解为一组简短、可管理的具有量化输入、输出、进度和职责的任务"。工作分解结构是一种项目管理实践的标准,也是完成计划工作的关键(PMI®,2008)。拉莫斯同样注意到工作分解结构在理论和实践方面对项目管理的重要意义,并将其作为项

①　Deephouse, C., Mukhopadhyay, T., Goldenson, D. R., and Kellner, M. I. (1995). Software processes and project performance. Journal of Management Information Systems 12(3): 187-205.

②　Jorgensen, M. and Boehm, B. (2009). Software development effort estimation: Formal models or expert judgment? IEEE Software 26(2): 14-19.

③　Müller, R. and Turner, J. R. (2001). The impact of performance in project management knowledge areas on earned value results in information technology projects. International Project Management Journal 7(1): 44-51.

④　Tausworthe, R. C. (1980). The work breakdown structure in software project management. Journal of Systems and Software 1: 181-186.

目管理实践的关键内容①。从该篇论文中我们可以发现，建立工作分解结构与定义工作分项以及定义项目需求有关，而项目需求则是另一种项目成功的关键因素②③。

　　笔者的亲身经历可以说明上述问题。20世纪90年代末，笔者在一家小型网络创业公司第一次做项目经理，那时该公司正饱受延期和项目失控的困扰。他们有一份全球星级客户名录，但当其开始定制和交付产品时却遭受了挫折。那些年里，笔者采用了一系列经典的管理方法，包括标准计划阶段管理、工作分解结构、甘特图以及其他配套管理工具。在这个新环境中，笔者凭借这些经典方法认真地开展项目计划工作，建立详细的工作分解结构还为开发人员的数量变动补充了适当的应急方案。在这家公司笔者完成了自己第一个项目，不仅项目按时交付，而且实际花费比预算还低3％，这使公司的管理层喜出望外。

9.2　关键成功因素

　　通过对129家企业资源计划系统（enterprise resource planning，ERP）顾问的调查，卡特赛斯、赫尔姆斯和巴腾伯格对关键成功因素进行了回顾性研究④，发现项目计划工作并未出现在排名前22位的关键成功因素之中。然而，作为计划阶段的工作，认清目标被排在所有关键因素的第4位。有趣的是，欠佳的计划工作似乎排在关键失败因素的第6位。同样作为计划阶段的工作，需求和范围界定不清被排在关键失败因素的第4位。尤博和哈夫特等人对ERP应用情况的研究得出了

---

　　① Lamers, M. (2002). Do you manage a project, or what? A reply to "Do you manage work, deliverables or resources?" International Journal of Project Management 20(4)：325-329.

　　② Pinto, J. K. and Prescott, J. E. (1988). Variations in critical success factors over the stages in the project life cycle. Journal of Management 14(1)：5-18.

　　③ Dvir, D., Raz, T., and Shenhar, A. (2003). An empirical analysis of the relationship between project planning and project success. International Journal of Project Management 21(2)：89-95.

　　④ Catersels, R., Helms, R. W., and Batenburg, R. S. (2010). Exploring the gap between the practical and theoretical world of ERP implementations：Results of a global survey. In Proceedings of IV IFIP International Conference on Research and Practical Issues of Enterprise Information Systems.

相似的结论[①]——目标没有清晰定义和进度不具有可执行性(即计划工作欠佳),是十项可能导致项目失败因素中的两项。蒂希和巴斯科姆认为[②],与需求分析不完善和预期不切实际等源自计划段的其他因素相似,计划工作的缺失也是导致 IT 项目失败的原因。通过对信息系统项目关键失败因素的研究,耶奥发现[③],"信息系统项目面对的绝大部分问题都是项目计划问题"。

戈帕尔、穆霍帕迪亚和克里希南就应用软件项目问题,对印度最大软件公司中的两家进行了研究[④]。他们发现,包含需求管理、编制项目计划、产品工程和软件配置管理在内的技术流程,与总体项目投入和项目耗时呈现相关关系。笔者将这些因素界定为计划阶段工作的一部分。他们发现,这些技术流程与项目投入呈系数为 -0.714 的负相关关系,与项目返工呈系数为 -0.516 的负相关关系。然而,这些因素与项目耗时却呈系数为 0.702 的正相关关系。这说明在本例中,完善的计划工作可能增加了项目的耗时,但减少了整体上的投入和返工,想必对公司的成本和营利能力有积极作用。因而,基于其研究可以外推得出,上述因素对项目成功具有正面作用。

通过对软件从业者调查结果的分析,塞尔帕和弗纳发现了一些导致软件项目失败的因素[⑤]。最常被提及的失败因素是"交付日期的设定影响了开发进程"和"对项目的低估",而它们应属于计划阶段的工作内容。在所有失败项目反映的问题中,这两项出现的频率分别达到了92.9%和81.4%。通过对国防项目的研究,德维尔等人指出[⑥],计划工

　　①　Umble, E. J., Haft, R. R., and Umble, M. (2003). Enterprise resource planning: Implementation procedures and critical success factors. European Journal of Operational Research 146(2): 241-257.

　　②　Tichy, L. and Bascom, T. (2008). The business end of IT project failure. Mortgage Banking 68(6): 28-35.

　　③　Yeo, K. T. (2002). Critical failure factors in information system projects. International Journal of Project Management 20(3): 241-246.

　　④　Gopal, A., Mukhopadhyay, T., and Krishnan, M. S. (2002). The role of software processes and communication in offshore software development. Communications of the ACM 45(4): 193-200.

　　⑤　Cerpa, N. and Verner, J. M. (2009). Why did your project fail? Communications of the ACM 52(12): 130-134.

　　⑥　Dvir, D., Raz, T., and Shenhar, A. (2003). An empirical analysis of the relationship between project planning and project success. International Journal of Project Management 21(2): 89-95.

作是一切项目的关键因素，这一点往往只有在计划工作没有做好的时候才被注意到。对 IT 项目而言这也是显而易见的。

9.3　IT 领域的实证研究

　　迪普豪斯等人评估了软件流程有效性对项目绩效的影响[1]。该篇研究论文的结果显示，某些特定的工作如项目计划，始终与项目成功相关；而其他工作如流程培训、稳定环境、联系用户、检查设计以及原型设计，在项目结果方面没有显著性差异。尽管该研究的侧重点在于分析流程因素及其与成功的关系，但仍反映出计划是达成项目目标（以效率指标测量）和确保项目质量（笔者认为其与项目的全面成功有关）的决定因素。顺利的计划工作与达成目标的相关系数为 0.791，与质量的相关系数为 0.228。在影响项目目标和项目质量的两类因素中计划工作均是排名靠前的因素。不过，该研究没有注意关于调查研究的如下警告——"然而，在项目完成后，调查对象可能已经难以客观反映计划工作的效果。项目的结果可能会影响他们判断项目计划工作究竟做得如何。他们可能会有以果推因的问题，认为'既然项目已经推迟，因而计划就是不切实际的'"。最终，他们给出了关键性的结论——"有效的计划工作是达成项目进度和预算目标的决定因素之一，同时也是产品质量的决定因素"。虽然，一些主观因素给研究结论带来了局限，但调查对象的回答中至少强调了计划工作的重要性。

9.4　该做多少计划

　　该领域中有一小部分研究试图量化软件项目的计划工作量。波斯特指出[2]，在软件开发项目中，测试成本占全部项目成本的 43％，而计划

---

　　[1]　Deephouse, C., Mukhopadhyay, T., Goldenson, D. R., and Kellner, M. I. (1995). Software processes and project performance. Journal of Management Information Systems 12(3)：187-205.

　　[2]　Posten, R. M. (1985). Preventing software requirements specification errors with IEEE 830. IEEE Software 2(1)：83-86.

工作和需求分析只占全部投入的 6%，如图 9.1 所示。

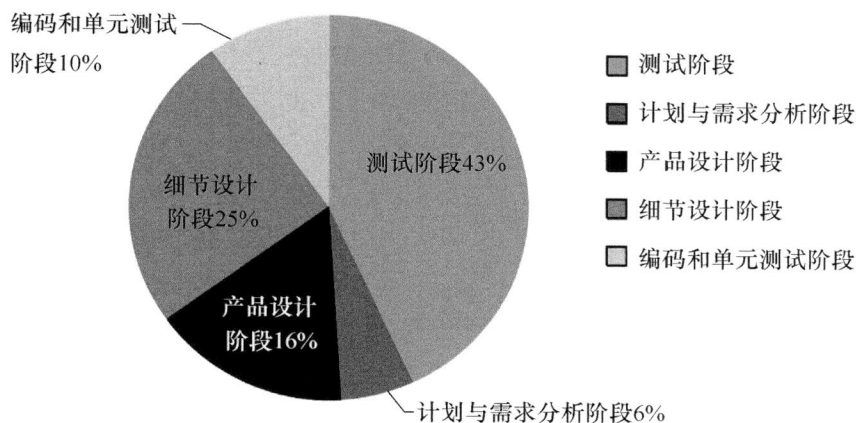

图 9.1　项目成本分类[①]

　　他还给出相关证据，说明流程中越早识别缺陷，修复的成本越低，如图 9.2 所示。这类关于 IT 产业计划工作和成功的研究文献支持计划工作对成功发挥重要作用的观点。

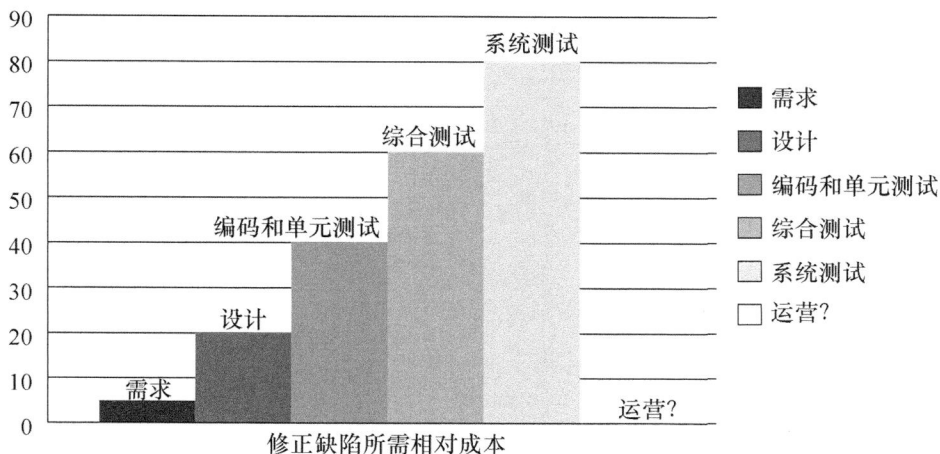

图 9.2　修正缺陷所需的相对成本[②]

①　After R. M. Posten. IEEE Sofware 2(1)：83-86，1985.

②　Olson，B. and Swenson，D. (2011). Overtime effects on project team effectiveness. In The Midwest Instruction and Computing Symposium，April，Duluth，MN.

奥尔森和斯温森指出[1]，"如果在软件完成后才检测到缺陷，整套分析、设计、开发和发布工作必须重新开展。如果能在软件开发流程中较早检测到缺陷，修正所需的步骤也较少。因此，缺陷的早期检测可以显著降低缺陷造成的成本"。与之相似，古山、新井和利奥开展了一项测量软件缺陷的压力效应[2]。这些学者发现，软件开发项目中75％的缺陷产生于项目的设计阶段。琼斯也发现[3]，特大项目返工成本通常超过预算的50％，而修复和返工发生在项目生命周期较早阶段，其成本比发生在后期阶段的要低。

此外，该IT研究文献表明了计划工作对成功的重要意义。尽管该文献中的实证性研究内容数量较为有限，仍有助于增进人们对计划和成功关系的了解。本章我们可得出如下结论：

在信息技术产业领域，计划工作的完整性水平与项目的成功呈正相关关系。

---

[1] Olson, B. and Swenson, D. (2011). Overtime effects on project team effectiveness. In The Midwest Instruction and Computing Symposium, April, Duluth, MN.

[2] Furuyama, T., Arai, Y., and Lio, K. (1993). Fault generation model and mental stress effect analysis. In Proceedings of the Second International Conference on Achieving Quality in Software, October 18-20, Venice, Italy.

[3] Jones, C. (1986). Programming Productivity. New York: McGraw-Hill.

第 10 章　实际计划工作对成功的影响——软件研发案例研究

做好准备是胜利的一半。

——米格尔·德·塞万提斯（西班牙作家）

　　下面介绍中小型软件开发项目中实施计划和追索的方法，并给出一些其中的误区。笔者对一些年以前的资料作了汇总整理，但愿通过它能洞悉计划质量的细节是如何影响项目成功的。笔者希望读者能从中得到一些对软件项目之外也有指导意义的启示。

　　软件开发作为一个项目管理领域，其项目延期和失败的问题广为人知。笔者曾长期从事软件开发项目的管理，并且发现了一些能让软件项目成功交付的技巧。

　　而今，软件项目的管理与过去大不相同。规范的流程已得到广泛使用，项目经理们经验水平的作用比先前任何时候都大。但很多项目仍然出现延期交付或预算超支，或二者兼有。在 2008 年，斯坦迪什集团的研究顾问们，在马萨诸塞州丹尼斯市的调查结果显示，接受调查的大型公司软件开发项目中，有 51% 被定义为"遭遇挑战"。

　　原因之一或许是软件开发面临某些特有的问题。软件开发项目中常陷入麻烦的两个领域分别是评估和追索。

10.1　缺陷评估

　　很多软件开发项目失败的原因是缺少适当的评估。软件项目难于评估的原因各式各样。如果像很多软件项目那样没有做好评估工作，则最初的进度和预算目标可能无法实现。

软件项目的评估为何如此之难？这里给出一些挑战性领域：

（1）细节：编写软件要处理大量的细节。必须对一切做出定义——从实施总体项目运算，到编写代码、修改屏幕按键外观，以及编写测试代码，从而通过用户可读的方式显示诸多潜在的错误。在评估一段代码的创建时间时，非常容易忽略这些细节。

（2）独特性：尽管人们试图让软件代码可重复使用，但这种努力仅取得了极其有限的成功。对编写代码的研发人员，有时甚至对整个世界来说，大部分软件工程项目以及其中的大部分模块都是新的。由于每个项目中都要重新做起，大部分软件研发人员将其职业生涯中的时间花在了编写代码上面。做一个比喻——对于一个建筑项目，如果你的职业生涯中只是安装窗户，你能对建造楼梯作出很好的评估吗？

（3）乐观主义：研发人员作出的评估经常过于乐观。你可以信任一些经验丰富的研发人员和软件工程师所作的评估，但是笔者极少被那些给出太高评估结果的软件人员所诱导，情况通常恰恰相反。

（4）不可预期的问题：在软件领域，一行代码造成的错误往往需要花费数天进行追索。还会出现其他一些问题，如果第三方软件不能按预期运行，你需要花上数个星期去查找到底是你的代码出错还是供应商的代码出错。这些类型的问题总会发生，很难做入计划，并且使得你的项目进度无法完成。

（5）对计划工作和流程的态度：过去在软件开发领域普遍认为，对计划工作和流程的态度是浪费时间。一些经常听到的观点如下：

① 软件是创造性的，我们不能干预创造性进程。

② 文书工作占用了开发时间。

③ 我们的进度太紧，没有时间适当策划解决方案。

④ 工作文件就是这些代码。（事实上并非如此）

当然，回避适当的计划工作只会使得项目延期或更糟——项目不能满足最终用户的需求，结果被安排下马。

10. 2　重新计划故障

即便有良好的评估和计划，一个项目仍可能在执行过程中出现问题。此处列出一些问题供读者参阅：

（1）难以处置的软件错误：研发人员们经常遇到软件错误。笔者曾见到一名研发人员花了两天的大好时光，去追踪一项因一个字符位置错误造成的问题。

（2）做表面文章与偏离主题：某些员工热衷于从事一些任务，并很快在这些任务上用完一半的时间。例如，建造全世界最伟大的配置实用工具、一个顶级的帮助系统或一个基于新计算机语言的模块。这些工作可能对项目既不必要，也不值得去做计划，更没有什么好处。

（3）日程拖延：监控不够严密会导致你的日程发生严重的拖延，从而导致项目延期。等到项目接近交付节点的时候再采取措施亡羊补牢就太迟了。

10.3　解决方案

为避免这些问题，一名项目经理可以做出哪些努力？这里给出一些技巧。

1. 第一时间就做评估

所有权有其优势——在项目计划中让研发人员参与评估。作为一种最佳途径，基于团队自评设计进度计划，不仅可以确保计划的精确性，而且能够赢得团队的信任。要求团队成员分解并开列其全部工作，然后评估所需投入。团队领导也要参与这个流程。在计划完成时让团队认可这份日程。这个流程将给你的工作提供更好的评估，还将激发团队达成他们参与制定的进度。

细节设计：确保每一名开发人员都思考过设计问题。不必将其作为一个长期流程，但需要足够细化，以表明开发人员已经对需要做的工作进行了全盘考虑。即便是一小部分的预先计划和设计，都将改善评估和产品质量。

设计审查会：在会议室召集团队讨论设计方案。还应讨论其他尚需开展的工作以及风险问题。你会惊奇地发现，通过这种方法不仅打开了思路而且避免了问题。

自下而上的优势：细化程度越高你计划工作中的缺陷越少。工作应该细分至1～5天左右的任务。如果你的项目过于庞大，以至于无法做到这样，将该项目计划分解为较小的子项目计划并进行委托评估。如果没有人做到如此细分的程度，就等于失去了一次很好的工作机会。最后，将你所有的细分任务组合成为整体计划。

自上而下的缺点：若不进行细化评估，而是试图自上而下地让一份计划适应既定的期限，将会使你陷入巨大的困难。

以往的经验：从他人的错误中学习比从自己的错误中学习总要好很多。如果从前你在组织中完成了一个相似的项目，或者你能够从其他地方获得相似项目的档案资料，你可以将其作为基础性的对比信息加以利用，或用它创建你自己的评估模型。最好是你的团队过去曾经做过一个相似的项目。尽你可能得到这些人员，或者考虑聘用具有相关经验的外部顾问。通常，这类信息或经验是组织内部所不具备的。

规范性分析：包括功能点在内的一系列规范性方法可用于软件项目的评估，也是基于项目需求分析的评估途径。实施功能点分析虽然需要培训，但借助它可以在形成详细设计前甚至团队组建前开展评估。它并不能替代细节设计和计划工作。不过，对高风险项目而言这种分析还是值得去做的。

2. 追踪各种变化

（1）考虑意外事件：始终确保为软件项目建立足够的缓冲时间。从初级研发人员的个人评估开始，就应添加意外事件预案。在项目评估计算中断、会议和通话时间时，通常没有把开发人员的因素考虑进去。作为补充，笔者将所有可能的意外事件，都添加到项目总体计划之中。即便如此全面地补充了偶然事件，笔者仍然发现项目进度会推迟。

（2）不要急于求成：初级软件项目经理所犯的最大错误是同意压缩时间。这在大部分项目管理领域都行不通，而在软件开发领域尤其麻烦。草草编写代码是一种危险的做法。急于求成或疲劳的开发人员产生的小错误会造成巨大代价。你会发现一名开发人员一晚加班超过6

小时写成的代码,在测试阶段将让他/她花上两天的时间去修改。一次偶尔的熬夜或周末加班有助于将一个项目带回正轨,但要确保这只是偶然事件;你不可以将其列入预先的计划或者滥用。

(3) 看到问题就要行动:如果日程开始拖延,就要使该项目的开发人员得到帮助。如果你按星期追索,你将能尽早了解情况以采取行动。确保你知道是不是有人陷入困难,并努力给予帮助(问问题对拓展开发人员的思路有惊人的益处,即便你不具备给出解决方案的技术知识)。找到高级团队成员帮助解决棘手的错误,找到团队领导或高级开发人员获取帮助。

(4) 按星期跟踪进度:至少每周开会讨论进展并更新你的项目计划。很快会清楚是否有开发人员遇到问题或落后于进度要求。对于跟踪进度来说,小组会议非常重要;开发人员不愿意在团队面前报告自己落后,因而有赶上进度的动力。你应更新计划,必要时重新确定进度。如果你的项目计划还没有做到每周据实更新,为什么不赶快行动呢?

(5) 阻止日程拖延:如果你开始发现评估和计划始终不能落实,需要立即采取行动。否则,按时交付的可能性将非常之低。在项目早期重新谈判交付日期或砍掉一些功能,要比快到项目终点时再做容易得多。若动作太迟,资本可能已经被投入项目的启动,此时想再做改动将非常困难。

依从这些建议将提升软件开发项目的稳定性。尽管其他事情会出问题,并且其他领域也需要管理,依从这些技巧将使成功交付一项软件开发项目的可能性达到最大。

上述建议是否有一些可以联系到你自己的项目,即使其不是关于软件开发的? 这个案例是否有助于阐明,为何将评估和分析要素纳入计划阶段是如此的重要? 某些情况下,这对于理解其他领域项目管理的挑战和解决方案大有裨益。

第 11 章 一般项目管理的计划与成功

一项好计划贵在能够立即执行，莫因追求完美而拖到下星期。

——乔治 S·巴顿（美国名将）

本章我们回顾一般项目管理的研究文献，以审视计划编制有关的重要问题。

11.1 从概念的角度看计划的影响

托马斯等人发现[①]，与后续阶段细节方面的计划和决策相比，研究文献对项目前期阶段的关注很少——"最有效率的项目团队也不能克服糟糕计划带来的恶劣影响"，项目在开始阶段就走入错误的路径将会导致重大的失败。莫里斯也认为[②]，在早期定义阶段所做的决策为项目的后续发展设定了战略框架。若在此处发生失误，整个项目将长期在错误状态下运行。他声称，初始阶段的作用及其对项目成败的影响充分说明，必须将初始阶段纳入项目管理范围。如今，在计划编制和初始阶段，该理论已经得到大范围应用，其中包括诸多的项目定义和范围定义工作。在现行版本的《项目管理知识体系指南》（《PMBOK® 指南》）中包含以下任务章节："4.1 开发项目 和 10.1 识别利益相关者"，作为《PMBOK® 指南》初始流程组群的一部分（PMI®，2008）。

笔者在职业生涯中曾在一家大银行着手管理一个新的外包项目。

---

① Thomas，M.，Jacques，P. H.，Adams，J. R.，and Kihneman-Woote，J. (2008). Developing an effective project: Planning and team building combined. Project Management Journal 39(4): 105-113.

② Morris，P. W. G. (1998). Key issues in project management. In J. K. Pinto (Ed.)，Project Management Institute Project Management Handbook. Newtown Square，PA: Project Management Institute.

该项目曾计划引入一些激进的创新,包括在大多数系统上使用开源工具,以及将设计和编码全面外包给供应商。该供应商既是当地机构,也拥有境外资源。接手该项目后,笔者被告知部门中的保守团体可能会带来一些阻力,不过由于笔者受命于公司首席信息官(CIO),他将能否决任何反对意见。然而,事实上在项目的计划编制中,一些利益相关者团体没有如实向 CIO 报告。而且,项目完成后的应用可能需要获得这些团体的支持。最后,这些团体故意拖延、质疑和阻碍项目的进展,导致项目终止,先前的所有工作全部作废。没有有效地做好计划阶段利益相关者分析工作,导致了项目的失败。

在进入决策阶段之前,确保项目以成功为优先导向,而不是以实施为优先导向,这一点在立项过程中十分重要。乔根森和格里姆斯塔指出[1],在计划阶段的错误估计,包括对项目所需时间和预算的错误估计,无疑会影响项目的成功。贝司纳和霍布斯同样指出[2],"最重要的分析和基础方案都在项目前期完成。如果在早期定义阶段就选择了错误方向或方向不清,一般而言很难再将项目导入正轨"。芒斯和贝杰米给出了一种观点,在初始阶段有缺陷的项目不大可能通过好的执行得以保全[3]。事实上,成功的执行可能只对项目团队有用,而从整个组织的角度观察整个项目可能是失败的。

战略信息系统(strategic information systems,SIS)的文献同样分析了计划在企业成功中的作用。普雷姆库马尔和金指出[4],具有较高质量计划流程的组织也具有较好的计划流程绩效,这不仅能产生较好的信息系统功能绩效,还能使得信息系统对组织成功的贡献有所提升。在另一篇论文中他们指出,那些将信息系统提升到战略高度加以考量

---

① Jorgensen, M. and Grimstad, S. (2011). The impact of irrelevant and misleading information on software development effort estimates: A randomized controlled field experiment. IEEE Transactions on Software Engineering 37(5): 695-707.

② Besner, C. and Hobbs, B. (2011). Contextualised project management practice: A cluster analysis of practices and best practices. In 10th IRNOP Research Conference, Montreal Canada.

③ Munns, A. and Bjeirmi, B. (1996). The role of project management in achieving project success. International Journal of Project Management 14(2): 81-87.

④ Premkumar, G. and King, W. R. (1991). Assessing strategic information systems planning. Long Range Planning 24(5): 41-58.

的组织，具有更好的计划流程[①]。

　　西格、格罗弗以及金确证了良好的信息系统对计划工作诸多方面的重要性[②③]。布朗回顾了战略信息系统计划功能的研究文献，并试图建立计划质量与各类因素之间的量化关系[④]。在大部分研究文献中，调查对象被要求评价战略信息系统在计划工作中的质量。然而，该研究并未证实这些因素与成功实施项目或其他项目成功指标具有关联。他指出，"研究计划流程对结果的影响存在一个明显的误区，战略信息系统在计划工作中的很多好处是无形的，这种好处通过执行流程实现，而非产生有形的计划成果"。他们还研究了计划质量的问题，但有趣的是它与项目成功并无显著关系。

11.2　关键成功要素

　　另一类关于项目成功的研究，是关于关键成功要素（critical success factor，CSF）的研究。这类关于关键成功要素的研究文献，并非经常将计划工作作为关键成功要素来进行分析，不过其中还是关注了计划阶段的一些工作内容。平托和斯莱文是一个例外[⑤]，他们将项目计划列为六个关键成功要素之一。博因顿和祖马德认为[⑥]，计划是高级管理者的一项重要活动。在他们看来，关键成功要素自身是一种计划工作的工具，这或许可以解释计划工作自身很少被列为关键成功要素的现象。

　　① Premkumar, G. and King, W. R. (1992). An empirical assessment of information systems planning and the role of information systems in organizations. Journal of Management Information Systems 9(2)：99-125.

　　② Segars, A. H. and Grover, V. (1998). Strategic information systems planning success：An investigation of the construct and its measurement. MIS Quarterly 22(2)：139-163.

　　③ King, W. R. (1988). How effective is your information systems planning? Long Range Planning 21 (5)：103-112.

　　④ Brown, I. T. J. (2004). Testing and extending theory in strategic information systems planning through literature analysis. Information Resources Management Journal 17(4)：20-48.

　　⑤ Pinto, J. K. and Slevin, D. P. (1988). Project success：Definitions and measurement techniques. Project Management Journal 19(1)：67-72.

　　⑥ Boynton, A. C. and Zmud, R. W. (1984). An assessment of critical success factors. Sloan Management Review 25(4)：17-27.

他们推断,首要的关键成功因素能够为计划工作的流程提供有效支持。舒尔茨、斯莱文和平托也回顾了之前的关键成功要素研究文献[1],他们发现 5 项重要研究中的 4 项将计划任务作为关键成功要素。而其定义的 9 个最关键成功要素中的 4 个同时也是计划阶段的重要组成部分。值得注意的是后续的关键成功因素研究很少关注计划工作。或许这是因为如今的计划工作已变成项目的常规组成部分,并作为默认工作被包含在所有项目之中。

近来,相关研究极少将计划工作作为关键成功因素加以关注。但有趣的是,糟糕的计划经常被视为一项关键失败因素[2][3][4]。艾唯西·门萨发现项目下马的关键因素包括:糟糕的项目目标、薄弱的技术基础设施以及成本超支和项目延期[5]。正常情况下,这些因素应在计划工作全程分析和强调。耶奥在其关于关键失败因素的研究中发现,项目计划排在所有影响因素的第一位[4]。该研究再一次支持了计划工作是项目成功保障的论点[6]。从耶奥和其他学者的研究中可以看出,计划工作是项目成功的关键积极因素之一。

此类研究提及的很多关键成功因素中,在计划工作阶段形成的可交付性,其重要性通常排在靠前的位置。怀特和福琼指出[7],在他们调查到的 236 位项目经理中,"明确的目的和目标"和"切合实际的日程" 2 项是 22 项关键成功因素中被最多提及的因素。此外,这 2 项因素也是

①　Schultz, R. L. , Slevin, D. P. , and Pinto, J. K. (1987). Strategy and tactics in a process model of project implementation. Interfaces 17(3): 34-46.

②　Umble, E. J. , Haft, R. R. , and Umble, M. (2003). Enterprise resource planning: Implementation procedures and critical success factors. European Journal of Operational Research 146(2): 241-257.

③　Catersels, R. , Helms, R. W. , and Batenburg, R. S. (2010). Exploring the gap between the practical and theoretical world of ERP implementations: Results of a global survey In Proceedings of IV IFIP International Conference on Research and Practical Issues of Enterprise Information Systems.

④　Yeo, K. T. (2002). Critical failure factors in information system projects. International Journal of Project Management 20(3): 241-246.

⑤　Ewusi-Mensah, K. (1997). Critical issues in abandoned information systems development projects. Communications of the ACM 40(9): 74-80.

⑥　Turner, J. R. and Müller, R. (2003). On the nature of the project as a temporary organization. International Journal of Project Management 21(1): 1-8.

⑦　White, D. and Fortune, J. (2002). Current practice in project management: An empirical study. International Journal of Project Management 20(1): 1-11.

在计划阶段被确定下来的。有人认为，目的和目标在项目起始时确定，也在项目实施之前的计划工作中被不断地明确和细化。潘克拉茨和洛贝克认为[①]，他们访谈的 11 个调查对象都把计划、监督和控制作为项目的成功因素，也有被访者提及了团队成员的积极性。

　　布伦凯斯特及其同事认为[②]，"对任何项目而言计划都是基石；因而，在项目过程中计划工作是一项主导性的活动"。当然，这也是一个经常出现的主题：为确保项目的成功交付，项目和项目管理就要从事计划和控制。对项目成功而言，计划工作的内在重要性在于没有它就没有项目管理。

　　在 20 世纪 90 年代，笔者和朋友合作创办了一家游戏公司，计划集中资源开发一套多人游戏。对游戏环境和游戏设置已有一套全面的设计。当时，多人游戏还处于初级阶段，尚未引入网络游戏的价格机制。因而，我们不确定该如何产生收益，甚至也不确定它的技术可行性如何。我们很快取消了先前的计划，选择了争取风险融资的工作方案，并最终使之成为工作目标。我们将投资花费在制作游戏演示和样机上，期望着能获得百万乃至千万级的融资。但是，该目标并未达成，而所有投资已被耗尽。一些年后，其他人成功将其游戏创意作价数百万美元出售。现在看来，或许当初我们的原始计划是正确的，但由于改变了原始计划，我们丧失了巨大的商机。

11.3　计划工具对项目成功的影响

　　贝司纳和霍布斯研究项目管理工具和项目成功的关系[③]，他们发现在计划工作阶段所使用的 8 项"超级工具"中，有 5 项与项目成功具有明显的联系：

---

　　① Pankratz, O. and Loebbecke, C. (2011). Project managers' perception of is project success factors—A repertory grid investigation. In ECIS 2011 Proceedings, Vol. 170.

　　② Blomquist, T., Hällgren, M., Nilsson, A., and Söderholm, A. (2010). Project-as-practice: In search of project management research that matters. Project Management Journal 41(1): 5-16.

　　③ Besner, C. and Hobbs, B. (2006). The perceived value and potential contribution of project management practices to project success. Project Management Journal 37(3): 37-48.

（1）工作时序安排软件；

（2）工作范围说明；

（3）需求分析；

（4）甘特图；

（5）项目启动会议。

其余 3 项"超级工具"如下：

（6）教训总结及事后检讨；

（7）工作进展报告制度；

（8）计划变更审批制度。

尽管计划工作只是项目全部工作中的一个组成部分，但它对项目成功的影响远超其他，认识到这一点具有重要意义。

在贝司纳和霍布斯稍后发表的一篇研究论文中指出[1]，744 名受访者认为初始计划工作包含一系列重要的管理工具。在其定义中，初始计划工作由以下内容组成：

（1）项目启动会议；

（2）里程碑会议；

（3）工作范围说明；

（4）工作分解结构（work breakdown structure，WBS）；

（5）项目章程；

（6）责任分配矩阵；

（7）沟通方案。

11.4　计划阶段的要素完整性/质量与项目成功

平托和布莱斯考特分析了 408 名项目经理及其团队成员的调查数据[2]，并验证了项目的关键成功因素。他们发现，日程/计划与项目成功

---

① Besner, C. and Hobbs, B. (2006). The perceived value and potential contribution of project management practices to project success. Project Management Journal 37(3)：37-48.

② Pinto, J. K. and Prescott, J. E. (1988). Variations in critical success factors over the stages in the project life cycle. Journal of Management 14(1)：5-18.

的相关系数为 0.47,细节性的技术工作与项目成功的相关系数为 0.57,
而任务定义与项目成功的相关系数达到 0.70。这些成功因素都是笔者
定义的计划阶段的产物。该研究仅做了各类因素与项目成功的相关分
析,而没有进一步用回归分析检验这些因素对项目成功的影响。事实
上若对其数据进行回归分析,日程/计划与项目成功的回归判定系数 R^2
为 0.57,任务定义与项目成功的判定系数 R^2 为 0.50,而细节性的技术
工作与项目成功的判定系数 R^2 则达到 0.59,全部具有显著性意义。不
过,该研究只分析了相关要素对项目实施情况的影响,而没有分析其对
项目成功的全面影响。

　　申哈等人通过多元分析发现[1],有关设计的思考对高不确定性项目
的成功具有重大影响,因而在高技术/高不确定性项目中应将其视为一
个主要的管理关注点。作为计划阶段的另一个方面,创建工作分解结
构尽管对低不确定项目并不十分重要,但对高不确定性项目而言则具
有关键作用。创建详尽的工作分解结构有助于项目团队全面思考工作
任务,因而可将其视为计划工作的重要组成部分。工作分解结构还被
视为一个项目实现适当计划、适当执行和适当控制的基础[2][3]。麦克法
伦指出[4],"项目全生命周期计划的理念关注任务定义和资源预算,促进
项目团队制定一套全面和详尽的计划,并在工作流程中展现其'软思维
领域'的能力",这有助于建立完整的工作分解结构,因而十分关键。

　　申哈等人发现[5],与政策和设计流程类似,计划和控制阶段(建立工
作分解结构)某些特定方面与各类项目的成功相关。在高不确定性项
目中几乎所有涉及的因素都与成功有关。他们的研究还表明,在计划

　　① Shenhar, A. J., Tishler, A., Dvir, D., Lipovetsky, S., and Lechler, T. (2002). Refining the search for project success factors: A multivariate typological approach. R&D Management 32(2): 111-126.

　　② Bachy, G. and Hameri, A.-P. (1997). What to be implemented at the early stage of a large-scale project. International Journal of Project Management 15(4): 211-218.

　　③ Zwikael, O. and Globerson, S. (2006). Benchmarking of project planning and success in selected industries. Benchmarking: An International Journal 13(6): 688-700.

　　④ McFarlan, F. W. (1981). Portfolio approach to information systems.. Harvard Business Review 59(5): 142-150.

　　⑤ Shenhar, A. J., Tishler, A., Dvir, D., Lipovetsky, S., and Lechler, T. (2002). Refining the search for project success factors: A multivariate typological approach. R&D Management 32(2): 111-126.

阶段如何编制文件对项目成功也很关键。

笔者曾在一家不具有项目管理传统的中等规模公司里管理过一个项目。笔者得到了一支由专家组成的团队,他们具有很好的学科知识但没有正规的项目管理经验。笔者的角色是编制一套该项目的工作分解结构。这一点非常有必要,因为该项目团队多达数百人。笔者着手训练那些不熟悉项目管理的项目经理,以便教会他们如何使用 MS Project 软件。然后,笔者要求他们为每名研发人员建立工作分解结构,并得出相应的细分任务和所需时间。通过少量培训和练习,该团队已经能够建立个人项目计划,并将其整合为一个整体性项目计划。这并不容易但还是成功实现了。该项目按时完成交付并且没有超支,终端客户认为项目极其成功。

泽维克尔通过对 783 份问卷的分析[①],研究《PMBOK ®指南》中九个知识领域对项目成功的贡献。他提出,与计划阶段工作相关的知识领域,对项目成功具有最重要的影响。"这些知识领域的知识,在相关计划流程中运用得越多,项目就越是成功。"

相反,"成本和采购领域的知识对项目成功贡献最小,这可能因为他们主要在项目实施阶段才付诸实践"。他发现,与项目成功关系最为紧密的前三位知识领域,与计划阶段具有典型性相关。同样,与项目成功相联系的知识领域,也在项目阶段的工作中经常得到运用。

表 11.1 给出与项目成功关系最为密切的知识领域。其中,前三位很典型地与计划阶段工作相关。从此表可以看出,与成功关系最为密切的知识领域也是通常计划阶段工作中用到的。按照对项目成功的贡献程度排序,排在前五位的知识(时间管理、风险管理、范围管理、人力资源管理和集成管理),同样也包含在计划阶段工作中最常用的六个知识领域之内。

---

① Zwikael, O. (2009). The relative importance of the PMBOK® Guide's nine Knowledge Areas during project planning. Project Management Journal 40(4): 94-103.

表 11.1　九类知识领域对项目成功的重要性

知识领域	对项目成功贡献（排序）	在计划阶段的使用频率
时间管理	1	高
风险管理	2	中等
范围管理	3	高
人力资源管理	4	中等
集成管理	5	高
质量管理	6	低
沟通管理	7	低
成本管理	8	中等
采购管理	9	低

资料来源：After O. Zwikael，Project Management Journal 40：94-103，2009.

　　泽维克尔的结论是[①]，项目经理应在分析项目任务、绘制甘特图、识别项目关键路径或关键链路等方面投入更多努力。使用这些方法与重要的利益相关者们合作，从而促成项目的成功。

　　科斯凯拉和豪厄尔对《PMBOK®指南》进行了类似的研究[②]。他们指出，"计划流程在《PMBOK®指南》讲述的内容中占主导地位——在10类计划流程之外，书中只提及了1个执行流程和2个控制流程。可见，其重点是强调计划工作，而不是强调执行"。尽管《PMBOK®指南》在过去的十年中不断发展变化，这一点总体上一直没有改变。

　　平托和布莱斯考特在一项涉及 408 位项目经理的开创性研究中发现[③]，如果将内在性项目效率指标与关键成功因素进行对比，可以认为计划工作在项目的初始阶段具有高度的重要性，不过有时不如策略性问题重要。然而，若是对于外在性的成功指标或整体性的项目成功而言，计划工作的因素在项目全生命周期中具有压倒性的重要作用。计划工作对如下成功因素具有最显著的影响：项目的价值判断（$R^2 =$

---

① Zwikael，O. (2009). The relative importance of the PMBOK® Guide's nine Knowledge Areas during project planning. Project Management Journal 40(4)：94-103.

② Koskela，L. and Howell，G. (2002). The underlying theory of project management is obsolete. IEEE Engineering Management Review 36(2)：22-34.

③ Pinto，J. K. and Prescott，J. E. (1990). Planning and tactical factors in the project implementation process. Journal of Management Studies 27(3)：305-327.

0.35)和客户满意度($R^2 = 0.39$)。此研究结果凸显计划工作对项目成功的作用。

约翰逊、鲍彻和康纳斯指出[①],在与项目成功密切相关的 10 个要素(见于斯坦迪什集团的查奥斯报告,如表 11.2 所示)中,4 个因素与计划阶段的工作有关:清晰的经营目标、聚焦工作范围、固化基本要求和可靠的评估。其余 2 个在计划工作中确定的因素——规范的方法论和用户参与,也与计划阶段的工作具有部分相关性。

表 11.2 成功的秘诀:查奥斯 10 要素

要素可信度排序	成功要素评分
领导支持	18
用户参与	16
有经验的项目经理	14
清晰的经营目标	12
聚焦经营范围	10
正规的软件支持	8
固化基本要求	6
规范的方法论	6
可靠的评估	5
其他准则	5

资料来源:After J. Johnson, K. Boucher, and K. Connors, Software Magazine 7:1-9, 2001.

他们还指出,1994～2000 年,斯坦迪什集团(Standish Group)的项目成功率显著提升,这可能就归功于那一时期项目管理实践中的改进。

11.5 计划阶段工作的完整性和项目成功

申哈通过对 127 位项目经理的调查发现[②],高技术和尖端技术的项目管理一般具有较为完善的计划工作,在其计划阶段形成的方案也较

[①] Johnson, J., Boucher, K., and Connors, K. (2001). Collaborating on project success. Software Magazine 7(2):1-9.

[②] Shenhar, A. J. (2001). One size does not fit all projects: Exploring classical contingency domains. Management Science 47(3):394-414.

为完善。管理者们倾向于认为，越是复杂和高风险的项目，就越应加大计划工作的投入并制定更完善的计划方案。

通过回顾采自德国 448 个项目的数据，德维尔和莱希勒发现[①]，计划工作的质量与项目效率、客户满意度具有相关性。计划工作的质量对项目效率具有显著影响，其判定系数 R^2 为 $+0.35$；计划工作的质量对客户满意度也具有显著影响，其判定系数 R^2 为 $+0.39$。通过对 71 名受访者的调查，耶顿等人发现[②]，计划工作和预算执行情况具有较强的相关性。他们得出计划工作与预算超支的相关系数为 -0.39。换而言之，计划工作做得越好，预算超支的风险就越低。他们还发现，类似于计划工作对预算超支的影响，做好计划工作对提升团队稳定性也具有直接的积极作用。他们指出，"做好计划工作能够促进和帮助一个稳定、成熟的项目团队达成更高的效率"。

扎洛莫等人对计划工作和新产品开发项目的关系进行了研究[③]。他们发现，综合测算项目风险管理和项目计划工作共同对新产品开发的影响，具有统计学显著性，其判定系数 R^2 为 0.28，但单独分析项目计划对新产品开发的影响则不具有显著作用。笔者认为，在回顾这篇研究文献时，应将风险计划工作作为计划阶段工作的一个组成部分，因而总体而言计划阶段工作对新产品开发项目成功具有积极影响，其判定系数 $R^2=0.28$。此外，他们的研究还显示，项目流程规范性和目标明确性对项目成功的判定系数 $R^2=0.33$，而这两项工作属于项目计划阶段。

11.6　计划阶段的努力和项目的成功

在一篇有关于此的知名论文中，德维尔、拉斯和申哈对二十年间

① Dvir，D. and Lechler，T.（2004）. Plans are nothing，changing plans is everything：The impact of changes on project success. Research Policy 33(1)：1-15.

② Yetton，P.，Martin，A.，Sharma，R.，and Johnston，K.（2000）. A model of information systems development project performance. Information Systems Journal 10(4)：263-289.

③ Salomo，S.，Weise，J.，and Gemünden，H.（2007）. NPD planning activities and innovation performance：The mediating role of process management and the moderating effect of product innovativeness. Journal of Product Innovation Management 24(4)：285-302.

110 项国防项目进行了研究[1]。他们指出,计划阶段的一些方面和项目的成功具有相关性。尽管该篇研究文献论及的是计划阶段的努力,但被计量的事实上是三类计划方案的质量,即:定义项目的功能需求、确定项目的技术条件、计划工作的流程和规程。然而,他们没有发现计划工作规程与项目成功具有强关联。因此,与定义项目的功能需求和技术条件相比,在项目制订计划规程和建立工作分解结构方面的努力,对项目成功不具有重要影响。这两类管理活动都是笔者定义的计划阶段的工作。他们认为,作为项目计划工作的两个方面,在定义功能需求和确定技术条件上的时间投入与项目成功有关。其中,功能需求之于项目成功相关性的判定系数 $R^2 = 0.297$,而技术条件之于项目成功相关性的判定系数 $R^2 = 0.256$。

他们还认为"尽管计划工作不是确保项目成功的充分条件,但计划工作的缺陷很可能导致项目失败"。该观点基本支持前述关键成功因素的研究结论[2][3][4]。基于这些研究文献,笔者认为可以将建筑产业和 IT 产业项目管理的现有结论外推到其他项目管理领域:

对所有领域的项目,计划工作的品质都与其成功呈正向相关。

德维尔等人的核心观点是[5],"在确定项目目标、功能需求及技术条件方面所投入的努力,与项目成功呈正相关关系"。他们断言,在项目的早期阶段就应做出努力,以便合理确定项目的目标和需求。

通过收集和分析 280 名项目经理的数据,泽维克尔和格洛伯森得

[1] Dvir, D., Raz, T., and Shenhar, A. (2003). An empirical analysis of the relationship between project planning and project success. International Journal of Project Management 21(2): 89-95.

[2] Umble, E. J., Haft, R. R., and Umble, M. (2003). Enterprise resource planning: Implementation procedures and critical success factors. European Journal of Operational Research 146(2): 241-257.

[3] Catersels, R., Helms, R. W., and Batenburg, R. S. (2010). Exploring the gap between the practical and theoretical world of ERP implementations: Results of a global survey. In Proceedings of IV IFIP International Conference on Research and Practical Issues of Enterprise Information Systems.

[4] Yeo, K. T. (2002). Critical failure factors in information system projects. International Journal of Project Management 20(3): 241-246.

[5] Dvir, D., Raz, T., and Shenhar, A. (2003). An empirical analysis of the relationship between project planning and project success. International Journal of Project Management 21(2): 89-95.

出如下结论[①]:"只要计划阶段的工作流程能够妥善落实,项目经理就能比较容易地继续管理项目的其他阶段并保持工作的质量,直至项目成功完成"。他们同样认为,在项目计划工作中的努力与项目成功有关。

该研究结论与先前一些细节性研究一致。波斯特认为,软件项目的成功需要计划工作[②]。霍马和巴特发现[③],各类工业领域的项目成功也都有赖于计划工作的努力。而计划工作存在缺陷的项目极少成功。本书后文中将有更多关于这些研究的介绍。

因此,从大量的研究文献中笔者可以明确地得出如下结论:

无论项目的效率还是项目的总体成功,都系于项目计划工作的品质。

11.7　小结

显而易见,计划阶段的工作,包括明确项目需求、定义工作范围以及技术可行性分析,对项目成功十分重要。或许有人认为,计划阶段的工作在用到它的时候显得并不那么重要。据说,艾森豪威尔曾说过,"在战斗的准备阶段,我经常发现一些计划是无用的,但是计划工作却也是不可或缺的。"事实上,建立详细的工作分解结构、开展利益相关者分析、确定项目需求以及实施风险分析都是计划阶段的工作,也都被证实攸关项目的成败。

在项目实施之前的计划工作以及其他很多工作对项目成功都很重要。当然,某些狭义的计划工作以及其他一些工作,诸如绘制甘特图的

---

　　① Zwikael,O. and Globerson,S. (2006). Benchmarking of project planning and success in selected industries. Benchmarking:An International Journal 13(6):688-700.

　　② Posten,R.M. (1985). Preventing software requirements specification errors with IEEE 830. IEEE Software 2(1):83-86.

　　③ Choma,A.A. and Bhat,S. (2010). Success vs failure:What is the difference between the best and worst projects? In Proceedings PMI Global Congress 2010,Washington,DC.

进度条,并非项目成功的关键因素[①]。卡特塞斯和彭恩等人的研究显示[②③],高水平的计划工作是最重要的关键成功因素。

特纳和穆勒也注意到[④],有不断增多的证据显示,传统项目管理领域的知识能力是涉足项目管理领域的基础,但它们并不意味着卓越的绩效;它们是项目管理绩效的保护性因素和必备条件,但它们不是提升能力以达成项目卓越绩效的制胜因素。或许正是计划阶段中细致的策划和分析才能确保项目团队掌控项目的各个方面,而这对项目的成功具有重大的影响。

[①]　Dvir, D., Raz, T., and Shenhar, A. (2003). An empirical analysis of the relationship between project planning and project success. International Journal of Project Management 21(2): 89-95.

[②]　Catersels, R., Helms, R. W., and Batenburg, R. S. (2010). Exploring the gap between the practical and theoretical world of ERP implementations: Results of a global survey. In Proceedings of IV IFIP International Conference on Research and Practical Issues of Enterprise Information Systems.

[③]　Poon, S., Young, R., Irandoost, S., and Land, L. (2011). Re-assessing the importance of necessary or sufficient conditions of critical success factors in it project success: A fuzzy set-theoretic approach. In ECIS 2011 Proceedings, Vol. 176.

[④]　Turner, J. R. and Müller, R. (2003). On the nature of the project as a temporary organization. International Journal of Project Management 21(1): 1-8.

第 12 章 项目计划与成功方面的共识

如不立即努力工作,计划永远只是些好的想法。

——彼得·德鲁克(美国著名管理学家)

12.1 文献综述

记得有一次在分配咨询类项目任务时,上级项目经理问笔者可以承担多少任务。当时由于年轻又有点自大,笔者告诉她尽可以多地分配项目任务,到了超负荷时自然会告诉她。很快,笔者手中管理的项目多达八个。起初,每天的工作大体上还算正常:召开团队会议、安排与利益相关者的会议、开展详尽的分析、汇报进展情况,等等。但是,没过多久,笔者就没法牢记一些项目了,开不同项目的会议时还常常混淆一些名字和缩写。尽管笔者当时还认为所发生的一切都如预期设想,利益相关者们开始感到项目经理不能掌握相关事宜。也许他们是对的,项目未按照本应该采取的方式来安排分析和进行计划。尽管项目的主要事宜都未偏离正轨,但一些利益相关者认为项目经理未能恪尽职守,而利益相关者看法往往就是现实,笔者负责项目的合同被客户终止了。

有大量的研究通过分析项目结果或通过观察,发现了项目成功与计划阶段之间的紧密联系。表 12.1 中第 1 列对此类文献的作者清单进行了汇总。总体而言,该项研究结论是一致的——除了个别情况,大多数研究表明计划对项目成功至关重要。

从该表中我们可以看到,大多数文献都认为,计划以及计划的完整度对项目成功至关重要。因而,仅通过回顾相关文献,我们就可以回答以下这个问题——计划是否对项目成功至关重要? 答案是肯定的。

表 12.1　对本书所回顾的项目计划研究文献观点的归纳

计划与成功之间 存在实证性正相关	计划与成功 之间存在概 念性正相关	计划与 成功之 间无关	计划与成功 之间存在概 念性负相关	计划与成功 之间存在实 证性负相关
Pinto 和 Prescott(1988)	Tausworthe(1980)	Flyvbjerg 等(2002)	Bart(1993)	Choma 和 Bhat(2010)
Pinto 和 Prescott(1990)	Chatzoglou 和		Anderson(1996)	
Hamilton 和 Gibson(1996)	Macaulay(1996)		Boehm(1996)	
Deephouse 等(1996)	Munns 和 Bjeirmi(1996)		Zwikael 和	
Müller 和 Turner(2001)	Ewusi-Mensah(1997)		Globerson(2006)	
Shenhar 等(2002)	Morris(1998)		Aubrey 等(2008)	
Dvir 等(2003)	Johnson 等(2001)		Collyer 等(2010)	
Gibson 和 Pappas(2003)	Shenhar(2001)		Poon 等(2011)	
Dvir 和 Lechler(2004)	Yeo(2002)			
Gibson 等(2006)	Umble 等(2003)			
Zwikael 和 Globerson(2006)	Ceschi(2005)			
Besner 和 Hobbs(2006)	Mann 和 Maurer(2005)			
Salomo 等(2007)	Besner 和 Hobbs(2006)			
Wang 和 Gibson(2008)	Smits(2006)			
Zwikael(2009)	Thomas 等(2008)			
Choma 和 Bhat(2010)	Shehu 和 Akintoye(2009)			
	Zwikael(2009)			
	Blomquist 等(2010)			
	Collyer 等(2010)			
	Catersels 等(2010)			
	Besner 和 Hobbs(2011)			
	Pankratz 和 Loebbecke(2011)			

资料来源:After P. Serrador, Journal of Modern Project Management 2:28-39, 2013.

12.2　实证性结果

现在,我们可以探讨计划质量对项目成功的影响。如我们前面所讨论的,当通过变量对未来结果进行预测时,决定系数 R^2 可以对预测结果的有效性进行衡量(本例中是对计划的衡量)。我们可以对多篇文

献中计算所得的 R^2 值进行比较。

　　本书综述的一些文献给出了实证性数据。这使得我们可以对这些结果开展高层次的荟萃分析（Meta 分析）。元分析指通过分析和对比不同研究的结果，以便确定这些研究结果中所存在的整体趋势。所采用的方法是检验所得的 R 和 R^2 值，将它们分类为主要与效率相关或主要与整体成功相关，然后检验均数。由于来源文献的多样性：行业不同、方法论不同、一些研究涉及了跨领域项目而另一些研究没有涉及，因而没有开展严格的数学分析，而是进行了高层次的元分析对均数进行了检验，如表 12.2 所示。这些研究使用了不同的方法，甚至对计划和成功有着不同的定义。然而，结果几乎一致得令人惊讶。我们可以得出如下结论：

　　基于近似值估计的研究表明，与效率相关的决定系数其均值为 $R^2 = 0.33$，而与成功相关的决定系数其均值为 $R^2 = 0.34$。

　　这种结果表明，计划工作对项目成功有显著影响。虽然 33％ 的占比可能看起来不太高，但会产生实质性影响。图 12.1 表明了 $R^2 = 0.33$ 可以产生多么重要影响。这可以将一个成功的项目转变成一个不成功的项目，或者把一个表现平平的项目转变成一个非常成功的项目。

　　怀德曼、诺贝利叶斯与特吕格，以及查特兹格罗与麦考利的研究显示[1][2][3]，在项目计划上的投入约为 $20％ \sim 33％$。如果，我们把决定系数 0.33 的效应与上述比例的投入相比较，显然项目成功方面的投资回报是十分明显的。

　　然而，项目计划的理想工作量仍然有待进一步讨论。笔者将在第 16 章和第 17 章对这方面内容进行探讨。

---

　　① Wideman，M. (2000). Managing the development of building projects for better results. Retrieved from www. maxwideman. com.

　　② Nobelius，D. and Trygg，L. (2002). Stop chasing the front end process-management of the early phases in product development projects. International Journal of Project Management 20(5)：331-340.

　　③ Chatzoglou，P. and Macaulay，L. A. (1996). Requirements capture and IS methodologies. Information Systems Journal 6(3)：209-225.

表 12.2　对于实证研究结果的元分析综述

研究来源	实证相关性	R^2		
		合并	效率	总体成功
Pinto 和 Prescott(1990)	计划对成功因素的影响最大 该项目的主观价值($R^2=0.35$) 客户满意度($R^2=0.39$)	$R^2=0.35$ $R^2=0.39$ 平均值 $R^2=0.37$	$R^2=0.37$	$R^2=0.39$
Hamilton 和 Gibson(1996)	计划最好的前三个项目实现财务目标的可能性为 82%,而计划稍差的三个项目实现财务目标的可能性只有 66% 与进度绩效和设计目标相关的项目结果中也可以看到类似的结果			
Yetton 等(2000)	他们发现计划与预算差异之间的相关性系数为一0.39			
Deephouse 等 (1995)	实现目标对于成功计划的依赖性是 0.791,而质量对于成功计划的依赖性是 0.228	$R^2=0.625$ $R^2=0.052$ 平均值 $R^2=0.34$	$R^2=0.34$	
Dvir 等(2003)	实现计划目标与项目整体成功措施的相关性为 0.570	$R^2=0.32$		$R^2=0.32$
Dvir 和 Lechler(2004)	计划质量对效率 R^2 的影响为 + 0.35,对顾客满意度 R^2 的影响为 +0.39	$R^2=0.35$ $R^2=0.39$ 平均值 $R^2=0.37$	$R^2=0.35$	$R^2=0.39$
Zwikael 和 Globerson(2006)	计划质量的相关系数如下: 成本的 $R=0.52$ 进度的 $R=0.53$ 技术绩效的 $R=0.57$ 顾客满意度的 $R=0.51$	$R^2=0.27$ $R^2=0.28$ $R^2=0.32$ $R^2=0.26$ 平均值 $R^2=0.28$	$R^2=0.28$	$R^2=0.29$
Gibson 等(2006)	计划完整性和项目成功的 $R^2=0.42$	$R^2=0.42$	$R^2=0.42$	

续表

研究来源	实证相关性	R^2		
		合并	效率	总体成功
Salomo 等（2007）	项目计划/风险计划和创新成功的 $R^2=0.27$ 目标清晰/流程规范和创新成功的 $R^2=0.27$	$R^2=0.27$ $R^2=0.33$ 平均值 $R^2=0.30$		$R^2=0.30$
Wang 和 Gibson（2008）	建筑项目的项目定义评价指数（PDRI）与项目成本和计划成功显著相关（$R=0.475$）	$R^2=0.23$	$R^2=0.23$	
Overall Average		$R^2=0.33$	$R^2=0.33$	$R^2=0.34$

资料来源：After P. Serrador，Journal of Modern Project Management 2：28-39，2013.

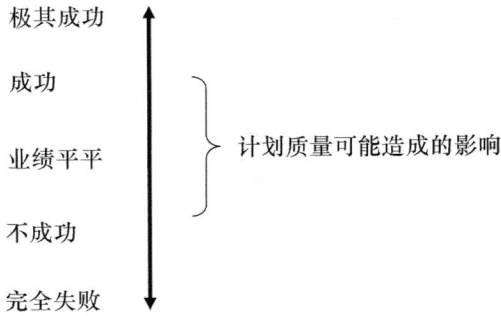

图 12.1　当 R^2 为 0.33 时可能产生的影响

第 13 章 | 计划质量与项目成功

行动是一切成功的基石。

——巴勃罗·毕加索(西班牙艺术家)

基于这些新数据,计划质量如何与成功相关联?第11章和第12章中所述文献给出了计划阶段和计划可交付成果质量对成功的影响。笔者的研究能否证实这些结论?接下来,笔者将从计划质量的角度回顾所得的结果。

13.1 原创性研究

在研究中,笔者着眼于若干项目特点,将其作为主要关系的调节变量进行研究,如图 13.1 所示,所收集的项目变量详见表 13.1。

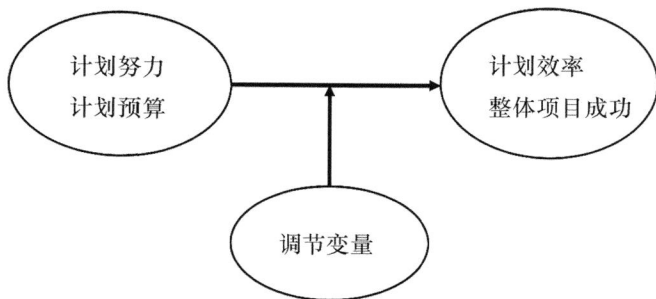

图 13.1 总体研究设计

收集这些变量旨在将其作为调节变量进行检验,并分别研究其影响。然而,在开展要素分析并观察某些调节变量是否有关联后,结果显示有四项与之相关并构成基本要素。完整的要素分析详见附录 B。

要素 2=下列四项的均值:

（1）工作分解结构（WBS）的详细程度；

（2）目标/愿景质量；

（3）利益相关者的参与度；

（4）团队的经验水平。

表 13.1　计划与成功关系研究中的调节变量

调节变量	1. 项目团队规模
	项目团队有多少人（按全职人员计算）？
	2. 项目复杂性
	评估项目的复杂性水平。
	3. 项目周期
	项目的全生命周期有多长？
	4. 工作分解结构（WBS）
	评估工作分解结构的详细程度。
	5. 目标/愿景质量
	对项目确定的愿景或目标的适用性/质量进行评估。
	6. 团队对项目的熟悉程度
	团队是否熟悉该项目类型？
	7. 外包工作比例
	完成该项目分包商所占的工作比例是多少？
	8. 产业
	该项目属于何种产业？（作出最适当的选择）
	9. 项目地理位置
	该项目的所在地？
	10. 团队成员所在地
	项目团队成员都在什么地方？请给出大多数成员的所在地。
	11. 技术应用水平
	"低技术"指没有应用技术或技术极其成熟，"高技术"指应用或研发全新技术。
	12. 新产品还是维修保障
	该项目中是否涉及新产品、装置或系统的开发，或者涉及对现有物品的维修？
	13. 团队经验水平
	项目团队的经验有多丰富？

调节变量	14. 利益相关者参与程度
	关键利益相关者参与程度如何？
	15. 方法种类
	项目工作中采用了多少敏捷性计划方法或迭代性计划方法？（100＝
	全为敏捷性方法，0＝全为迭代性方法，50＝平均使用敏捷性与迭代
	性方法）

当笔者分析该要素并试图了解其对项目成功的影响时，发现该要素确实与项目计划工作的质量有关。所以，指定其为计划要素，并以其作为衡量项目计划质量的一项指标。一些构成要素显然可视为全面分析和计划实践的结果，即：工作分解结构的详细程度和目标/愿景的质量。另一要素利益相关者的参与度也是构成良好计划工作的一项重要内容。虽然，有些情况不会将团队经验水平作为计划工作的相关变量，但基于要素分析的考虑，它确与计划工作的质量相关。人们可以推测其中的原因，即一个较好的计划工作周期便于选择更高效的团队，或团队经验越是丰富其完成计划工作的效率越高。

13.2　计划工作的质量与成功

要素的含义界定后，笔者进而完成了一项成功与计划要素的回归分析，如表 13.2 所示。表中数据显示，计划要素与整体成功间的 p 值极低（$p < 0.0001$），在统计学上具有显著性关系。此外，存在一个可靠的决定系数 $R^2 = 0.265$，这一结果与相关研究文献中所得决定系数 $R^2 = 0.34$ 总体上一致。与先前的研究类似，在此计算的计划要素是计划质量的一项衡量指标。不过这并非全部，因而预期的决定系数 R^2 值更低。

表 13.2　计划因素与成功指标的回归分析

	R	R^2	项目总数	p 值
计划因素	−0.515	0.265	1386	0.000

该分析理论性较强，但确与现实世界不无关联。笔者回想起一件很麻烦的外包项目。虽然，所签订是固定价格合同，但离岸公司不得不向项目投入越来越多的人力。固定价格模式意味着，这家作为合作伙伴的离岸公司同意，不论成本如何都会按一个固定的价格完成工作。此模式将一部分项目风险转移给了这家作为合作伙伴的离岸公司。不过，其可将意外开支纳入报价范围，并采取一个非常谨慎的方案。此外，在某些情况下，固定价格合同可能并非真的价格不变。

"计时计料"模式指客户只需支付承包商所做的工作，但客户会承担一部分风险。如果项目超出控制范围，工作量大大增加，而相应的成本也会增加。此外，对于非现场工作人员，项目经理如何确定其工作时间？

在这个特殊的项目中，供应商向团队投入了更多人力，虽然他们也别无他法。离岸团队制订的方案，低估了任务的复杂性。于是，离岸团队威胁要撤离，以减少他们的损失。笔者曾针对这些变化向商业合作伙伴作出约定，并承诺项目的取消不会影响彼此间的利益。最终，我们缩减规模并重新协商了一份新价格合同。所以，固定价格合同并非总能让价格不变，有时候客户和供应商都不见得能够履行自己的计划，也不见得总能作出正确的分析。

13.3　计划工作与效率

本节，让我们继续探讨回归分析。如果专门从计划要素对项目效率指标的影响来看，这种相关性仍然存在只是表现出不同特点，如表 13.3 所示。该表中的 p 值极低（$p < 0.0001$），表明在统计学上具有显著性关系。然而，该种情况下决定系数 $R^2 = 0.141$，与相关文献报道的效应相比小一半还多。这是一个有趣的结果。人们或许认为，计划工作的质量能更顺利地促成项目按时、按范围、按预算交付。但计划工作的质量似乎对广义的成功指标影响更大。我们推测，为提高计划质量投入更多时间也许会改善项目的最终成果，但这可能对会议时间和预算目标造成些许负面影响。

表 13.3 计划因素与效率指标的回归分析

	R	R^2	项目总数	p 值
计划因素	−0.376	0.141	1386	0.000

进而,笔者对非效率性成功指标进行了检验,结果显示存在差异。表 13.4 中的 p 值极低($p<0.000$),表明在统计学上具有显著关系。不过,在此种情况下决定系数 $R^2=0.275$。

表 13.4 计划因素与利益相关者成功指标的回归分析

	R	R^2	项目总数	p 值
计划因素	−0.525	0.275	1386	0.000

该项研究还证实了相关文献的研究结果,即计划工作成果的质量对项目成功具有重要意义[1][2][3]。在相关研究文献中,计划质量与项目成功相关性的决定系数 $R^2=0.34$,而本研究所得计划质量与项目成功相关性的决定系数 $R^2=0.28$。据此,可以认为计划质量对项目成功的影响作用最高占 1/3。计划工作成果的质量显然是项目成功的一个关键因素,项目经理应在策划其计划工作阶段时充分意识到这一点。

由此我们可以确证:

计划工作的质量是项目成功关键因素之一,并可作为项目成功的一项重要的预测性指标。

① Pinto, J. K. and Prescott, J. E. (1990). Planning and tactical factors in the project implementation process. Journal of Management Studies 27(3): 305-327.

② Dvir, D., Raz, T., and Shenhar, A. (2003). An empirical analysis of the relationship between project planning and project success. International Journal of Project Management 21(2): 89-95.

③ Gibson, G., Wang, Y., Cho, C., and Pappas, M. (2006). What is pre-project planning, anyway? Journal of Management in Engineering 22(1): 35-42.

第 14 章 计划工作的投入

如果给我六个小时去砍倒一棵树，我会花前四个小时去把斧头磨利。

——亚伯拉罕·林肯（美国前总统）

显而易见，计划工作对成功而言至关重要。现在我们要探讨的是项目中需要多少计划工作。出人意料的是，虽然有人会想当然地认为这类指导无论对项目经理还是研究人员都非常有用，但却鲜有针对这方面的研究。下面让我们回顾一下现有的研究。

14.1　IT 项目中计划的投入

戴利曾在一篇有关软件开发的论文中指出[1]，软件项目中，项目计划（即进度计划）应占项目总成本的 2%，项目规范应占总成本的 10%，而最终的设计占成本的 40%。然而，从该论文发表至今三十多年来，实践和技术已发生了变化。现今，随着交互式编译器的出现，可以让低级别的设计和代码编写同时完成，设计已不再需要预先全部完成，而 2% 的计划投入则显得相当低。让我们参考更多的研究。

查特兹格罗与麦考利在回顾英国信息技术的项目数据时曾问及[2]：计划工作的投入多少才足够？

这一问题没有所谓的单一标准答案。计划的确切工作量取决于项

---

① Daly, E. B. (1977). Management of software development. IEEE Transactions on Software Engineering 3：229-242.

② Chatzoglou, P. and Macaulay, L. A. (1996). Requirements capture and IS methodologies. Information Systems Journal 6(3)：209-225.

目的大小、开发团队的规模以及计划的目标。一个开发项目中，计划的制订涉及对诸多因素的一系列考虑。计划任务的时间取决于组织环境和具体项目的性质。

此外，他们还论述了计划工作的经验法则——三倍计划规则及生命周期阶段模型。"三倍计划规则是长期以来使用的经验法则之一。人们可以采用该方法，估计该系统计划工作所需的时间然后乘以 3，从而估算交付一项经测试和验证的系统所需的投入"。虽然查特兹格罗与麦考利并未详细说明，但粗略估计来看，传统软件开发测试与开发工作量基本相当[1]，计划阶段和其他杂项任务占总工作量的 1/3。上述比例不仅见于学术文献中，还在工业领域得以推广和应用。

笔者在一家领先的北美保险公司工作时，一位经验丰富且成功的项目经理朋友就向笔者介绍过这些比例数据。但当时由于团队相对缺乏经验，笔者还对这些综合性的估算数据感到怀疑。后来，笔者用这些比例对进度进行了考核。在详细考核及重新评估之后，所得的最终计划十分接近该经验性预期比率。朋友的建议是正确的，完成该项目所用时间和预算的波动在±5%的范围内。

波斯特先于查特兹格罗与麦考利十年指出[2][3]，计划工作和需求分析应占项目成本的 6%，产品设计应占 16%，细节设计应占 25%。遗憾的是，该研究文献中并未明确指出计划阶段本身所用时长。

有趣的是，在早些年的软件开发项目管理中，有关各阶段所需时间的经验指导更为常见。反而，后来有关这一话题的研究中则未有针对各阶段所用时间的说明。究其原因，是发现该方面的指导无效，或是技术项目的多样性增加，还是失去了该领域研究的兴趣，目前尚不清楚。

---

① Kaner, C., Falk, J., and Nguyen, H. Q. (1999). Testing Computer Software (2nd ed.). New York: Wiley.

② Posten, R. M. (1985). Preventing software requirements specification errors with IEEE 830. IEEE Software 2(1): 83-86.

③ Chatzoglou, P. and Macaulay, L. A. (1996). Requirements capture and IS methodologies. Information Systems Journal 6(3): 209-225.

14.2　其他产业领域

　　诺贝利叶斯与特吕格对三个不同产业项目的前期活动(类似于计划阶段)进行了分析[①]。这三个案例的研究结果显示,前期活动至少占项目时间的20%。相似地,通过对预算高达数百万美元建筑项目的大样本数据的研究,怀德曼指出[②],建筑项目在计划阶段的典型投入约占总工作时间的20%。他还表示,工时通常占总成本的40%。因此,对建筑项目而言,计划工作投入的工时约占总工时的20%,其预算约占总预算的8%。

　　计划所投入的时间和精力是否有助于成功? 霍马和巴特针对来自49个不同组织的73例建筑业和工业项目进行了分析[③],这些项目的总成本从1000万美元至5亿美元不等。研究结果显示,"正如所料,成果最差的项目在获批时,计划中都缺少重要组成部分,如详细的进度、完成作业与维护核准的基础工程、风险分析及其缓解计划、完整的责任矩阵等。"但是,他们没有发现计划阶段在前期负担(front-end loading,FEL)上所花时间与项目成功之间的相关性。事实上,"该样本中,计划用时较长的项目成绩最差。平均而言,与最佳的项目相比,最差项目的FEL阶段用时约多出71%。因此,计划的质量不取决于FEL阶段的投入时间;相反,FEL阶段完成的工作与项目结果关联更为密切"。上述分析结果表明,过度计划会对项目成功造成负面效应,或者说一个项目在计划阶段出现拖延现象就预示着该项目存在问题。当项目实施了过多的分析,却未有实际工作启动,或启动晚于最佳时间,就会产生所谓的"分析瘫痪效应"[④]。

---

　　① Nobelius, D. and Trygg, L. (2002). Stop chasing the front end process-management of the early phases in product development projects. International Journal of Project Management 20(5): 331-340.

　　② Wideman, M. (2000). Managing the development of building projects for better results. Retrieved from www. maxwideman. com.

　　③ Choma, A. A. and Bhat, S. (2010). Success vs failure: What is the difference between the best and worst projects? In Proceedings PMI Global Congress 2010, Washington, DC.

　　④ Rosenberg, D. and Scott, K. (1999). Use Case Driven Object Modeling with UML: A Practical Approach. Reading, MA: Addison-Wesley.

　　笔者曾参与一个项目,在本人加入时该项目基本未制定任何正式的项目计划。究其原因,或许因为大多数项目经理是未经项目管理培训的业务人员。新项目经理参考之前的成功项目引入了一个模板。但是,该模板介绍得非常详细,以致项目经理和团队花费了数周逐行理解并填写模板。虽然,确保项目中无任务遗漏有利于成功,但这也容易造成过度计划,以至于错失良机。在此案例中,项目团队没有将精力投入项目的实施,而是将大量时间花在钻研细节长达一年以上,其他工作则被搁置一旁。这是一个在项目关键点上利用时间的反面案例。

14.3　小结

　　关于计划阶段投入最佳比例的研究相对较少,现有研究文献的内容也非近期,与当今情况可能并不完全一致。这些文献推荐了项目计划工作投入的比例,即 20％～33％,但这些建议并非基于坚实的实证研究。因此,在这一领域还较难给出明确的结论,尚需开展进一步的研究。

　　下一章,将详细介绍笔者在这一领域的研究成果。

第 15 章 | 计划阶段的投入与成功

> 成功与否取决于努力的程度。
>
> ——索福克勒斯(古希腊悲剧诗人)

现在,笔者将针对如下问题进行回答,即本研究的原初动因——计划的时间投入如何影响项目的成败？之前有关这一话题的研究文献仅触及了这一问题的表层。希望笔者收集的数据及提出的问题,能够改变这一状况。

15.1 计划的投入与成功

为展开分析,笔者研究了计划投入指标与项目成功水平之间的关系,如表 15.1 所示。数据分析前,先剔除了含无效计划工作量的数据元素,详见附录 A。我们可以看出,一般而言,计划指标的增加与成功的类别相符。唯一的例外是,失败类别的平均计划投入比其他任何类别都要高。方差分析未显示存在统计学上的显著性关系。对这些均值进行观察,可以发现其间不存在简单的线性关系。

表 15.1 所有项目的计划投入指数与项目成功水平

项目成功水平	计划工作指数	项目数
失败	0.166	98
不完全成功	0.143	259
成败参半	0.152	345
成功	0.154	451
非常成功	0.158	233
全部项目	0.153	1386
$p(F)$	0.178	

依照这些数据进行绘制,可以得到一个更具直观性的关系图,如图 15.1 所示。观察此图可以发现,被归为不完全成功的项目一般计划工作投入最低。由此情况推测,计划工作不足会影响项目的成功。那些彻底失败项目的前期计划工作量却是最高的。这是一个有趣的发现,与霍马和巴特研究所得结果一致[①]。存在问题的项目可能会在计划阶段产生额外的投入;其原因在于项目非常复杂或具有挑战性,或项目前期存在问题。

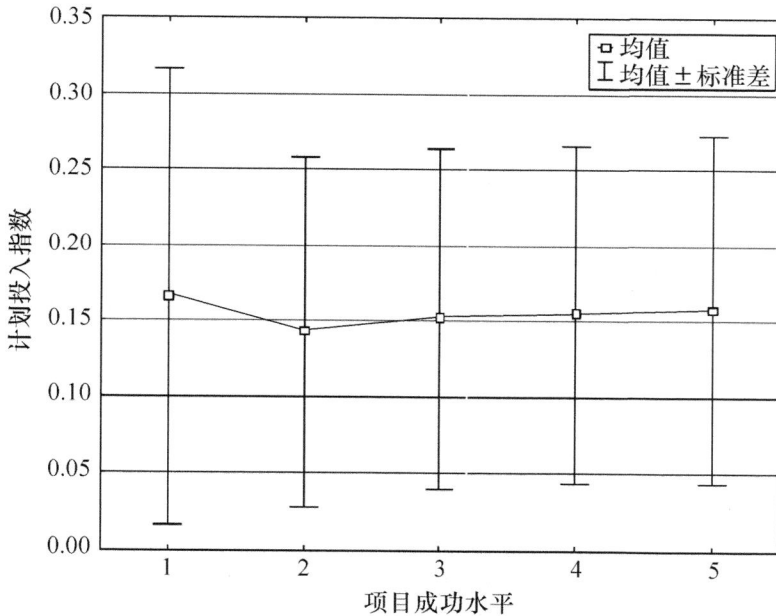

图 15.1　不同成功水平项目的计划投入指数均数误差条图

这类项目可能会在完成前就被取消,从而造成计划投入指标数值的增高。调查对象给出的一些意见指出:"项目工程设计阶段的成本和耗时若达 60% 左右,即被认定为过高,以至于无法继续实施而终止项目";"本人所列出的第二个项目(不成功的)由于被另一家公司兼并而遭客户取消";"不合格项目主要是由于关键利益相关者无法在业务规

---

① Choma, A. A. and Bhat, S. (2010). Success vs failure: What is the difference between the best and worst projects? In Proceedings PMI Global Congress 2010, Washington, DC.

则问题上达成一致"。这些意见表明，不合格项目与一般情况相比计划阶段投入的时间更多。

15.2　非线性关系

在图 15.1 的基础上，对数据进行进一步分析。基于计划投入指标与项目成功之间本质上不是线性关系而是多项式关系的假设，可以认为二者关系是一条曲线而非直线。

图 15.2 是由统计软件通过散点图分析绘制而成。由此可见，计划投入指标与成功指标之间存在一种二次函数关系。这符合如下观点：如果一个项目在计划阶段投入过度，则会使总体预算过多，项目启动较正常情况延迟[1]。总体而言，这样的项目最终不会太成功。反之，一个前期计划工作投入太少时间的项目也不会很成功[2]。因此，一个倒 U 形

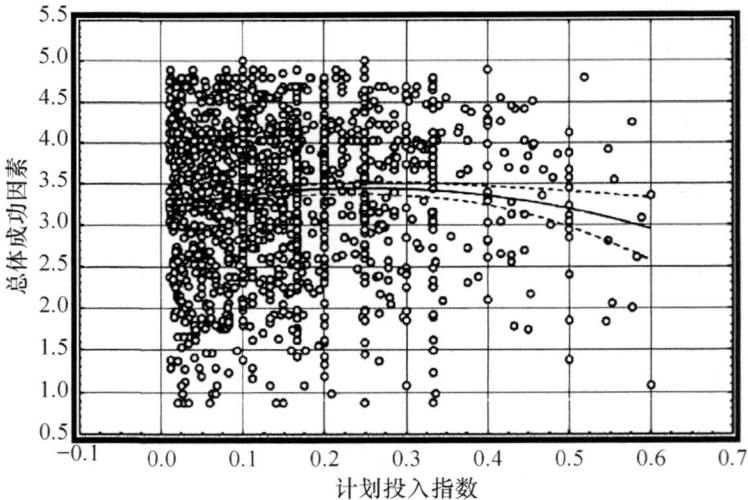

图 15.2　总体成功指标与计划投入指数的散点图拟合曲线

全部成功因素＝$3.1909+2.0255x-4.0634x^2$；95%可信区间

---

① Chatzoglou, P. and Macaulay, L. A. (1996). Requirements capture and IS methodologies. Information Systems Journal 6(3)：209-225.

② Dvir, D., Raz, T., and Shenhar, A. (2003). An empirical analysis of the relationship between project planning and project success. International Journal of Project Management 21(2)：89-95.

曲线才与这一观点和文献综述结果相符。

基于非线性回归对该曲线的详细分析,如表 15.2 所示。分析所得总体 p 值小于 0.0059,表明该多项式模型具有统计学显著性。其关系表达式如下:

成功衡量标准＝B_0＋B_1×计划投入指标＋B_2×(计划投入指标)^2

然而,该函数关系的拟合度较低,决定系数 R^2 值小于 0.01。这表明因果关系较弱,只有小于 1％的项目成功可归因于投入的计划工作量。这种违反直觉的结果值得展开进一步分析。下面通过对一系列变量的分析,找出其对计划与成功关系影响的特征。

表 15.2　计划投入指数与成功指标的非线性回归分析

计划工作指数与成功指标的非线性回归结果归纳			
	B_x	R^2	p 值
截距	3.191		0.000
计划投入指数	2.026		0.001
计划投入指数^2	−4.063		0.003
总体模型		0.006	0.0059

15.3　调节变量的影响

首先,笔者探讨在之前确定的调节变量中,哪些会对计划与成功关系产生重要影响;然后开展了一系列详细的回归分析,以研究各调节变量对该关系的影响,结果详见表 15.3。大多数调节变量对计划与成功之间的关系没有显著影响。所述模型中含调节变量或半调节变量(团队的经验水平、自产与外包、工作分解结构的质量)。

表 15.3　对成功因变量调节变量的研究结果

调节变量	在项目成功中所扮演的角色
产业	潜在预测指标
地理位置	预测指标

续表

调节变量	在项目成功中所扮演的角色
本地项目与国际项目	预测指标
利益相关者参与程度	自变量
适用性/目标质量/愿景	自变量
工作分解结构（WBS）的质量	自变量及调节变量
方法类型（传统方法与敏捷方法）	自变量及潜在调节变量
对组织的陌生程度	自变量
项目技术水平	无相关性
项目周期	无相关性
项目复杂性	无相关性
新产品还是维护服务	无相关性
团队经验水平	自变量及调节变量
自产还是外包	调节变量
团队规模	无相关性

　　为完成分析，笔者首先对调节变量和半调节变量的交互作用项开展回归分析；进而采用这些交互关系，实施调节分层回归分析（moderated hierarchical regression analysis，MHRA），所得的结果如表 15.4 所示。使用 MHRA 分析用以探讨因变量与自变量之间的潜在关系，并了解其是如何受调节变量影响的[①]。通过 MHRA 分析我们可以详细探讨这些关系。

表 15.4　以团队规模为调节变量对计划投入指数与
成功指标相关性的分层回归分析

输入变量	步骤 1	步骤 2	步骤 3
主要效应			
计划投入指数	1.972^b	2.030^b	13.007^c
计划投入指数$^b2$	-4.044^b	-4.103^b	-25.064^c

　　① Sharma, S., Durand, R., and Gur-Arie, O. (1981). Identification and analysis of moderator variables. Journal of Marketing Research 18：291-300.

续表

输入变量	步骤 1	步骤 2	步骤 3
调节变量			
自产还是外包		0.028	0.010
交互作用			
WBS[a] 计划投入指数			−2.927[c]
WBS[a] 计划投入指数[b] 2			4.662[c]
经验[a] 计划投入指数			−3.965[c]
经验[a] 计划投入指数[b] 2			8.944[c]
内部[a] 计划投入指数			0.619[d]
内部[a] 计划投入指数[b] 2			−1.330[d]
R^2	0.006	0.016	0.144

a. $p < 0.05$。

b. $p < 0.01$。

c. $p < 0.001$。

d. $p < 0.10$。

通过调节变量分析我们发现，计划投入与项目成功之间显现出一种更为显著的关系。在决定系数达到 $R^2 = 0.14$ 的水平上，计划投入与成功之间具有显著性关系（$p < 0.001$）。

若仅用交互作用项进行广义回归分析，则其结果如表 15.5 所示。该模型所得结果既具有很好的 p 值（小于 0.0001），同时还具有一个相对较高的决定系数 $R_2 = 0.145$。另外，该模型的残差分析结果也显示良好，数据的正态性也得到了确证。正态概率图、p-p 图和方差齐次性图详见附录 B 中的图 B.1～图 B.9。

该模型同样对利益相关者成功指标和效率指标进行了回归分析。利益相关者成功指标得出的结果与上述结果非常相似；而效率指标的回归分析的结果，显著性水平 p 值良好，但决定系数 R^2 值较低（0.079），详见表 15.6。

表 15.5　以调节变量交互作用对成功指标最终模型的多元回归分析

因变量的回归分析结果的归纳:成功指标

$R=0.387$,调整后的 $R^2=0.145$,$p<0.0001$

	B	p 值
截距	3.222	0.000
计划投入指数	12.648	0.000
计划投入指数^2	−24.405	0.000
WBS 计划投入指数	−2.924	0.000
WBS 计划投入指数^2	4.653	0.000
经验计划投入指数	−3.960	0.000
经验计划投入指数^2	8.928	0.000
内部计划投入指数	0.713	0.000
内部计划投入指数^2	−1.495	0.005

表 15.6　计划指标与成功因素二分类相关性分析的主要研究结果概要

	基础			加入调节变量		
	总体成功因素 (R^2)	成功因素 (R^2)	效率因素 (R^2)	总体成功因素 (R^2)	成功因素 (R^2)	效率因素 (R^2)
计划投入指数	0.006[b]	0.006[b]	0.003[a]	0.145[c]	0.142[c]	0.079[c]

a. $p<0.05$。

b. $p<0.01$。

c. $p<0.001$。

15.4　最终模型

　　总而言之,该最终模型证实了计划投入与成功之间的相关性,模型的 p 值低(可信度高)且 R^2 值高(相关性强)。因此,我们确定项目计划投入与项目成功之间存在显著性联系。此外,模型的构建在实证性与逻辑性方面具有一致性,进一步表明计划投入与项目成功之间存在显著性关系。调节变量的敏感性分析还证实了该模型的一致性和稳健性。

　　先前大多数学者所用的方法已经在此研究中得以部分验证。计划阶段的工作中最重要的一个方面是计划工作的质量。在笔者的研究中,虽然发现计划投入时间与项目成功之间存在关系,不过这种关系的决定系数 R^2 只有 0.15;而从其他研究文献所得结果来看,计划工作质量的决定系数的平均值达到了 $R^2 = 0.34$ 的水平。因为,最重要的就是那些计划可交付成果的质量,这也是先前大多数研究所关注的对象[1][2][3][4][5]。

　　虽然,投入量对计划工作而言还是一个粗略的衡量指标,但也确实反映出一些与项目管理过程相关的内容。根据所得 R 值和 R^2 值显示,一味加大计划中时间的投入并不一定能保证项目的成功。不过,为最大限度地确保项目的成功,计划阶段一定数量的投入仍是必要的。计划投入和项目成功的关系,反映了现有数据的真实情况,且具有良好的统计学显著性,因而不能予以否定。虽然,所得分析结果产生于不同性质的数据和项目,但在如此广阔的全球性项目和产业范围内均表现出了显著性意义。回顾散点图(图 15.2),可见其图形十分复杂,若不是借助了当今的计算机分析工具,很难得出一个明确的解决方案。

　　总之,我们可以确认:

　　　　计划投入与项目成功之间存在此种关系:推导出的模型显示,这种关系的决定系数 $R^2 = 0.15$。

　　① Pinto, J. K. and Prescott, J. E. (1990). Planning and tactical factors in the project implementation process. Journal of Management Studies 27(3): 305-327.

　　② Deephouse, C., Mukhopadhyay, T., Goldenson, D. R., and Kellner, M. I. (1995). Software processes and project performance. Journal of Management Information Systems 12(3): 187-205.

　　③ Dvir, D., Raz, T., and Shenhar, A. (2003). An empirical analysis of the relationship between project planning and project success. International Journal of Project Management 21(2): 89-95.

　　④ Zwikael, O. and Globerson, S. (2006). Benchmarking of project planning and success in selected industries. Benchmarking: An International Journal 13(6): 688-700.

　　⑤ Gibson, G., Wang, Y., Cho, C., and Pappas, M. (2006). What is pre-project planning, anyway? Journal of Management in Engineering 22(1): 35-42.

第 16 章 | 计划阶段的最佳时间投入

没有想象力或梦的飞跃,我们就会失去对机会的兴趣。毕竟做梦也是计划的一种形式。

——格洛丽亚·斯坦内姆(美国女权主义者)

16.1 最优计划投入

接下来,笔者将研究进一步推进。看是否能给予项目经理、项目集经理或管理层一些有益的指导。观察计划投入与成功之间的关系曲线,应该会在峰值处发现一个最大值。因计划投入与成功指标之间存在二次函数关系,可以计算所得二次曲线的最大值。回想高中时所学的二次方程式 Ax^2+Bx+C,此公式最大值等于 $B/2A$。完成对广义成功指标的计算后,发现该值等于 0.249 或约等于将 25% 的时间用于实施前的计划工作。这一非常有趣的结果表明,平均而言,当计划阶段投入约为 25% 时,项目最为成功。

我们针对狭义成功指标继续分析,如图 16.1 所示。在该种情况下,狭义成功指标同样显示与项目计划工作相关,具有与广义成功指标分析所得非常相似的曲线。

我们还可使用效率指标继续同一分析,如图 16.2 所示。

计划投入指标与效率指标之间存在类似的关系。表 16.1 给出了非线性回归分析所得的详细统计数据。然而,在该种情况下,所得 p 值等于 0.04053,表示该相关关系的统计学意义不如广义成功指标的明显,但仍具有统计学显著性。

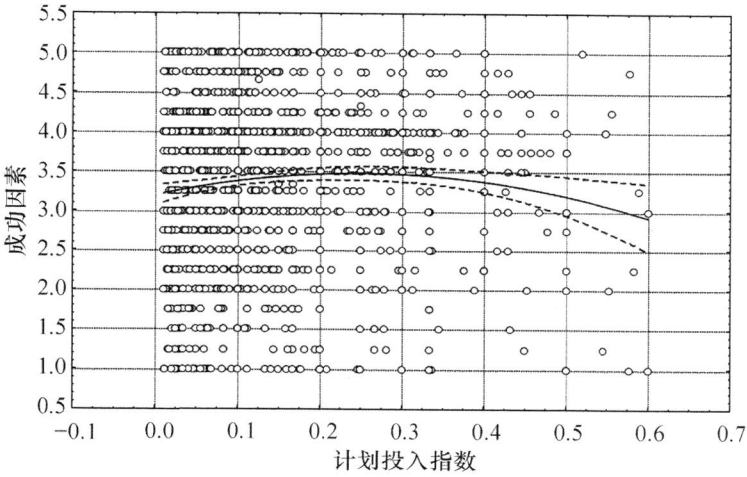

图 16.1　成功指标与计划投入指数散点图及拟合曲线

成功指数＝$3.1979＋2.2587x－4.5466x^2$；95％可信区间

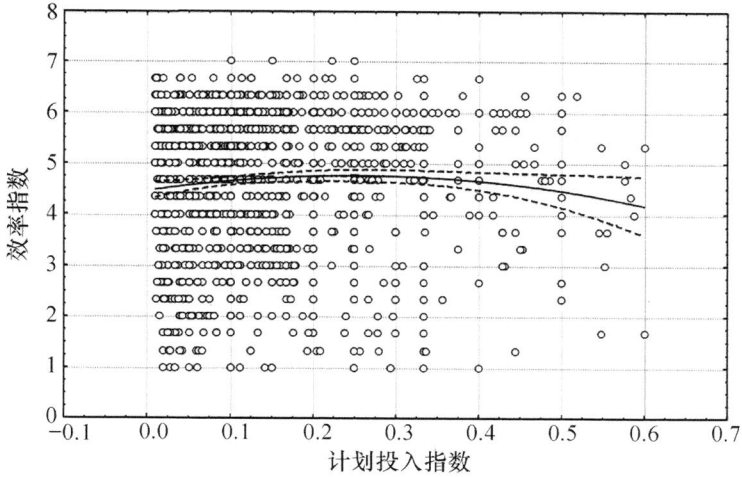

图 16.2　效率指标与计划投入指数散点图及拟合曲线

效率指数＝$4.4546＋2.4194x－4.8295x^2$；95％可信区间

表 16.1　计划投入指数与效率指标的非线性回归分析

	B_x	R^2	p-Level
截距	4.46		0.00
计划投入指数	2.42		0.01
计划投入指数^2	−4.83		0.02
总体模型		0.003	0.041

　　我们利用与计算成功指标相同的方式来计算计划投入指标值,该值将利益相关者成功指标和效率指标最大化。表 16.2 对上述计算进行了归纳。

表 16.2　各类成功指标的最佳计划投入指数值

	成功指标	利益相关者成功指标	效率指标	平均值	实际调查计划投入平均值
计划投入指数	0.255	0.248	0.250	0.251	0.153

　　从多个视角来看,这些结果非常有趣,与文献回顾所得约 20%~33%的计划投入比例基本一致[1][2][3]。此外,文献回顾的荟萃分析(Meta 分析)显示,该结果低于与效率相关的决定系数 $R^2=0.33$,以及与成功相关的决定系数 $R^2=0.34$(表 16.3)。这意味着,计划阶段 25%的投入仍可取得一定回报。所得三个结果彼此相差不超出 0.01,这进一步验证了研究方法的正确性。最后,所得结果高于受访者反馈计划投入的平均值。

---

[1] Wideman, M. (2000). Managing the development of building projects for better results. Retrieved from www.maxwideman.com.

[2] Nobelius, D. and Trygg, L. (2002). Stop chasing the front end process-management of the early phases in product development projects. International Journal of Project Management 20(5): 331-340.

[3] Chatzoglou, P. and Macaulay, L.A. (1996). Requirements capture and IS methodologies. Information Systems Journal 6(3): 209-225.

表 16.3　最佳计划水平的亚组分析结果汇总

	p 值	项目数量	平均计划投入	最佳计划水平
地区-北美	0.031	756	0.151	0.226
团队类型-国际	0.03	442	0.149	0.216
产业-专业服务	0.087	54	0.139	0.251
产业-教育	0.118	42	0.132	0.210
产业-政府	0.105	152	0.126	0.147
产业-零售	0.108	30	0.173	0.509

16.2　子集的最大值

如表 16.2 所示,最佳计划工作的投入量在三个成功指标之间相对一致。进而,基于数据子集计算最佳计划投入值,所得结果在 0.20～0.25 范围内。

为确证最佳计划投入值,我们还对亚组进行了分析。表 16.3 归纳了此部分的分析结果。统计显著性水平($p \leqslant 0.05$)放宽至 $p \sim 0.10$,以便获得较宽的视角。需要注意,这些较小群组的分析结果不具有本文其他部分的较好 p 值。该表中未注明的亚组 p 值更高,因而并未纳入研究。原因在于,有数百个项目可能需要相应的统计验证样本,而在大多数情况下,如此规模的数据量是这些亚组所无法满足的。

结果表明,各产业间存有差异。例如,结果显示零售行业的最佳计划投入比最高,或许是因为零售业项目的大部分工作确实在计划阶段,与建筑业和信息技术产业等其他产业项目相比,较少需要在执行环节投入大量工作。这一结果非常有趣,尽管只有 30 个数据点,不过亚组分析的结论仍在总体结论范围内,并且验证了总体结论。

这表明,计划阶段所需的时间主要取决于项目特性,这一点也符合预期。某些项目可能需要较长的需求收集和分析周期,而有些项目则不需要。这一观点也被霍马和巴特的研究所证实[1]:"因此,投入计划阶段的前期工作(front-end loading,FEL)的时间并不能确定计划的质量;相反,FEL 交付的成果与项目的结果相关更为密切"。

　　受访者平均项目计划投入的分析显示,计划工作投入的平均水平远低于 15％。这也证实了一个观点,不要奇怪为什么要进行项目经理培训;如果按计划阶段越长总体项目成功率越高的标准,其计划工作的投入还属不足。

16.3　进一步分析

　　接下来笔者对最终模型进行了图形分析,并探讨了计划工作的投入对成功的影响。

　　首先,笔者绘制了最终模型生成的曲线图。不过,由于有 3 个调节变量会对曲线形状产生影响,所以我们需对其数值作出假设。图 16.3 给出了代表平均值曲线,但其中不包括内部与外部团队的对比。因为,对于外部团队而言,计划工作的跟踪监控主要集中于他处,第一张图侧重于内部团队对其他相关指标的平均值。我们可以发现,这条曲线并不像测算整个数据集所得曲线那么浅。由于校正的相关性水平具有较高的 R^2 值,这一结果符合预期。

　　图 16.4 中曲线显示,当所有调节变量影响设为最大时,对计划投入指标的影响。该图显示了比之前图形更为陡峭的曲线。在该种情况下我们发现,其对项目成功率水平影响的最大值约为 1.5。

　　通过观察这些图表人们会发现,曲线在 y 轴上的截距显示,即便是前期计划工作为 0 的项目仍可获得一般性的成功。然而,这些曲线适用于分析项目变量的平均值,且引入了众多的调节变量。因此,在现实的实施过程中,诸多项目仍需开展实质性的计划工作。

---

[1]　Choma, A. A. and Bhat, S. (2010). Success vs failure: What is the difference between the best and worst projects? In Proceedings PMI Global Congress 2010, Washington, DC.

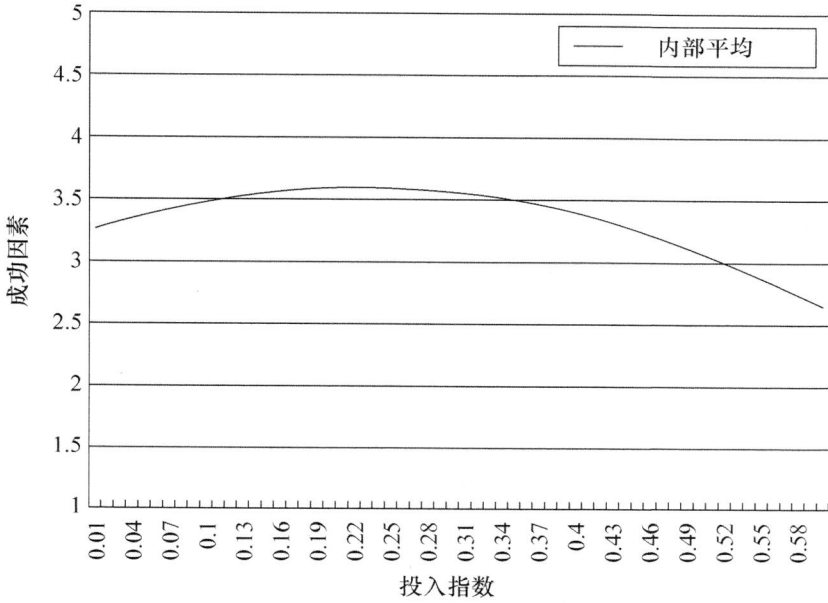

图 16.3　内部项目的计划投入指数与成功的关系曲线(调节变量取平均值)

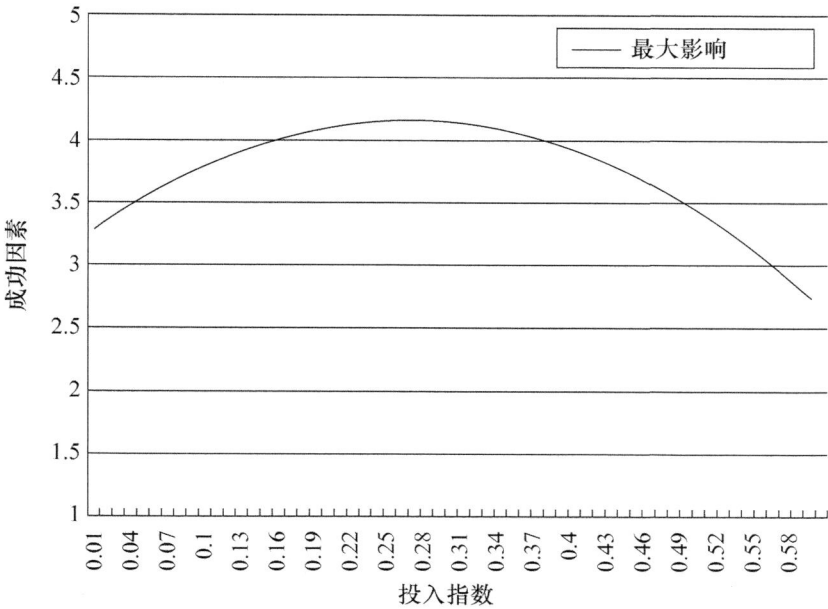

图 16.4　计划投入指数与成功的关系曲线(调节变量取最大值)

16.4　小结

我们需要接受这样一种观点——对一般项目而言不开展前期计划工作，其成功水平得分只会下降0.5至1分（也就是说，由一个成功项目降为一般项目，或由一个一般项目降为不成功项目）；而对于具有较长计划阶段的项目而言，这种对成功水平的影响更为显著，可达1.5分。

对最终模型的分析显示出计划投入对成功的重要性，表明对计划工作不恰当的投入对项目成功会产生的负面影响。

调查对象们在项目计划工作方面的平均投入为15％，这远低于最佳计划工作的投入比例。这也说明，按照项目成功率随着计划阶段投入而增加的标准，以往这些实际项目的计划工作投入尚属不足。

因此，我们可以确认：

要让项目的成功率达到最大，计划工作占全部工作投入的最佳比例约为25％；而以往实际项目计划工作投入的平均值远低于这一水平。

第 17 章 | 计划预算与成功

管理财富并不在于节省金钱,而在于明智地使用金钱。

——托马斯·赫胥黎(英国教育家)

在某些情况下,对项目进行跟踪主要通过项目预算,而不是通过项目工作。笔者分析了计划预算及其对项目成功的影响。

17.1 计划预算方面的最新研究

研究中该组数据的用户响应率较低。不过这并不出乎意料,因为一些项目不对预算进行密切的跟踪。内部项目往往是这种情况,由于是内部客户,仅对工作进行了跟踪,而没有对预算进行跟踪。在其他一些情况下,由于预算金额属于涉密内容,所以不由项目经理管理,而是由高管负责。一些受访者在调查问卷的留言中反映了这些问题。要对敏捷性项目或预算进行分析,案例中或者应包括敏捷性项目或者应包括项目预算方面的有效数据;因此,分析中只使用了现有 1386 个案例中的一部分。最终,有 1037 个具备充足数据的项目案例用于分析。

收集的两组关键数据包括计划工作所花时间的百分比或比例,以及项目成功的指标。与项目投入的分析相类似,为便于分析计划工作的预算在项目总预算中所占的百分比,对下面的指数进行了计算,该指标的计算公式如下:

$$预算计划指数 = \frac{计划阶段所花费的总预算}{项目总预算}$$

为了保持数据的一致性与简洁性,对项目预算的分析使用了相似的排除规则——指数小于 0.01 或者大于 0.6 的案例被排除在外。共有 1037 个项目案例的计划预算指数是有效的。

采用与计划工作投入分析类似的方法对预算投入指数进行了分析。首先，对计划预算指数进行了正态性检验。其偏度和峰度均高于计划工作投入指数的偏度和峰度，但仍属于可以接受的范围[1]，更多的细节参见附录 B。随后，我们将进行散点图分析以及回归分析。典型的散点图如图 17.1 所示。

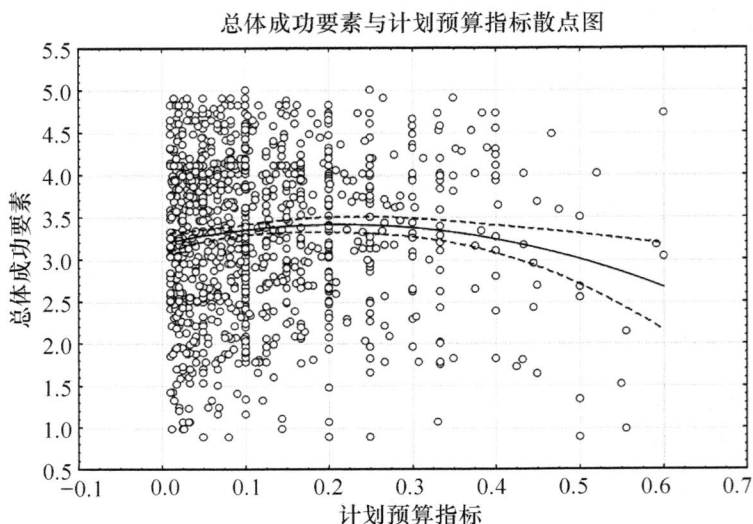

图 17.1　成功要素与计划预算指标的散点图及拟合曲线

总体成功要素 $=3.1872+2.1198x-4.9729x^2$；95%可信区间

多项式曲线和数据之间的拟合优度很高。若进行非线性回归分析我们可以得到更多的信息。对计划预算指数与成功指标的回归分析结果具有统计学意义（$p<0.01$），如表 17.1 所示。

表 17.1　计划预算指标与成功指标的非线性回归分析

	B_x	R^2	p 值
截距	3.187		0.000
计划投入指标	2.120		0.004

---

[1]　Field，A.（2009）. Discovering Statistics Using SPSS. London：Sage.

续表

	B_x	R^2	p 值
计划投入指标[2]	−4.973		0.003
整体模型		0.006	0.013

如果只关注利益相关者成功指标,我们可以得到表 17.2 中的结果。结果显示,整体模型的 p 值小于 0.067,这对于笔者的研究目标而言尚无统计学意义。然而,鉴于该值接近于 0.05,为便于进行进一步分析,在此种情况下笔者将可接受的统计学显著性水平扩大至 $p<0.10$。

表 17.2　计划预算指标与利益相关者成功指标的非线性回归分析

	B_x	R^2	p 值
截距	3.222		0.000
计划投入指标	1.916		0.023
计划投入指标[2]	−4.401		0.022
整体模型		0.003	0.067

针对项目效率指标的分析结果要好很多,如表 17.3 所示。在此例中 $p<0.004$,优于 $p<0.01$ 的显著性水平。因此,总体而言我们可以确认,计划阶段预算对项目的成功具有影响作用,尽管其对项目效率的影响比对项目总体成功的影响更大。

表 17.3　计划预算指标与效率指标的非线性回归分析

	B_x	R^2	p 值
截距	4.386		0.000
计划投入指标	3.534		0.001
计划投入指标[2]	−8.284		0.001
整体模型		0.009	0.004

17.2　计划预算的优化

为使成功指标达到最大化,下面采用类似的方法完成相应计划工作指标值的计算。可以回顾一下第 16 章,我们计算过为实现项目成功率最大化而应投入的项目计划工作量。我们同样针对项目预算指标做了类似的工作,其结果如表 17.4 所示。

表 17.4　各类成功指标的最优计划投入值

指标	最大化成功率的计划预算值
成功指标	0.213
效率指标	0.213
利益相关者成功指标	0.218
均值	0.215

可以看出,各类成功指标对应的计划预算值的结果高度一致,它们之间的最大差异率只有 0.005。该结果说明,当计划预算平均达到项目整体预算的 21.5% 时,可最大限度地提高项目的成功率。该数值在一定程度上低于之前算得的计划投入值,但这也在意料之中。一些项目预算包括人员工时和设备采购[1]。由于计划阶段的工作发生在项目执行前,成本中一般只包括人工成本[2][3]。因此,计划阶段的预算百分比会比较低。

从表 17.5 中我们可以看到,三项成功指标(成功指标、利益相关者成功指标、效率指标)的计划投入和计划预算指标的优化值也是一致的。此外,此次研究还采用数据子集计算了计划投入和计划预算指标的优化值,结果与之一致,在 0.20～0.23 范围内。

---

[1]　Wideman, M. (2000). Managing the development of building projects for better results. Retrieved from www. maxwideman. com.

[2]　Pinto, J. K. and Prescott, J. E. (1988). Variations in critical success factors over the stages in the project life cycle. Journal of Management 14(1): 5-18.

[3]　Hamilton, M. R. and Gibson, G. E. J. (1996). Benchmarking preproject-planning effort. Journal of Management in Engineering 12(2): 25-33.

表 17.5　分析计划指标与成功指标关系所得的计划指标优化值

	总体成功指标	利益相关者成功指标	效率指标	均值	实际计划指标平的均值
计划投入指标	0.255	0.248	0.250	0.251	0.153
计划预算指标	0.213	0.218	0.213	0.215	0.127

　　调查对象所反馈的项目计划预算的平均值低于 0.127。这再次证实,当前项目计划工作仍然不足。如果将计划工作的标准定得更高一些,那么项目总体成功率也将变得更高。这项研究表明,应将更多的预算用于计划。

　　因此,我们可以确认:

　　当项目计划阶段预算占项目总预算的比例达到 21% 左右时为最优状态,此时可最大限度提高项目的成功率。而目前项目计划预算整体上还远低于这样一个水平。

第 18 章 | 计划工作与敏捷/迭代方法

一项不容变更的计划,并不是一项好计划。

——普布里利亚斯·西拉斯(古罗马作家,约公元前 100 年)

当然,并不是所有计划工作都在计划阶段完成。一些计划工作会整合到项目的执行阶段,并持续相当长一段时间。对于敏捷性(agile)项目而言,这是其方法论的主要原则。在项目执行阶段的工作中包含了大量的计划工作。项目执行阶段的所有计划并不是一成不变的。然而,与典型项目相比,敏捷性项目在执行阶段中完成的计划工作量通常较大,也更具重要性。

早在 1958 年,孔茨即指出[①],"有效率的管理者在制订计划及付诸实施时,不会脱离实际"。敏捷方法尽可能少地生成管理文件,以便在面对不断变化的状况时具备适应性和响应能力。这可能意味着,与传统项目管理相比,采用敏捷方法的项目,其计划工作相对较少。

18.1 敏捷方法

随着敏捷方法的发展,其在技术项目领域的应用已变得越来越普遍[②]。其他迭代(iterative)方法,如滚动式计划已经应用多年[③],可被视

① Koontz,H. (1958). A preliminary statement of principles of planning and control. The Journal of the Academy of Management 1(1):45-61.

② Lindvall,M.,Basili,V.,Boehm,B.,Costa,P.,Dangle,K.,Shull,F.,Tesoriero,R.,Williams,L.,and Zelkowitz,M. (2002). Empirical findings in agile methods. Extreme Programming and Agile Methods—XP/Agile Universe 2002 2418:81-92.

③ Turner,J. R. and Cochrane,R. A. (1993). Goals-and-methods matrix:Coping with projects with ill defined goals and/or methods of achieving them. International Journal of Project Management 11(2):93-102.

为敏捷方法的前驱。作为滚动式计划应用原理的一部分,特纳和柯克兰指出③,"确定目标已成为项目质量定义的一个组成部分,只要能按时在预算范围内交付产品,不管其对所有者和使用者而言是否有用或有益,项目经理都会被认为是成功的"。这一结果突显迭代计划的益处,使其可在项目执行过程中对计划进行修订。即使在敏捷方法问世之前,人们就已发现,50%的设计活动发生在实施阶段而非设计阶段①。

实施过程中与原计划存在偏差是常见现象。哈格仑和曼宁-奥尔森将偏差定义为"任何对项目原计划的偏离②,无论其结果是积极还是消极,影响较大还是较小"。无论项目计划工作或执行过程如何缜密,都不能完全避免计划偏差。尽管计划和变更控制对项目发挥了重要作用,但均不能彻底解决偏差问题。其解决途径在于从方法论角度促进适当解决方案的形成。

例如,如下几个方面在项目执行过程中经常发生变化③:

(1) 变更原料、资源、工具和技术;

(2) 变更与其他相关项目、服务或产品的关系;

(3) 变更目标。

科利尔等主张一种"瞄准、射击再瞄准"的策略③,即制订计划并付诸实施,并在项目实施过程中修订计划。这与滚动式计划类似④。他们着重强调,在项目启动时若仅设置一个包揽一切的计划阶段,难免会存在弊端;而若在项目流程中采用滚动式计划,则会更有效率。这可使项目在执行过程中针对挫折和机遇作出反应,并可根据出现的问题进行计划修订。

当然,仅在项目启动时制订计划会产生不良后果。例如,通过对软

---

① Fitzgerald, B. (1996). Formalized systems development methodologies: A critical perspective. Information Systems Journal 6(1): 3-23.

② Hällgren, M. and Maaninen-Olsson, E. (2005). Deviations, ambiguity and uncertainty in a project-intensive organization. Project Management Journal 36(3): 17-26.

③ Collyer, S., Warren, C., Hemsley, B., and Stevens, C. (2010). Aim, fire, aim—Project planning styles in dynamic environments. Project Management Journal 41(4): 108-121.

④ Turner, J. R. and Cochrane, R. A. (1993). Goals-and-methods matrix: Coping with projects with ill defined goals and/or methods of achieving them. International Journal of Project Management 11(2): 93-102.

件开发挑战的探讨，勃姆指出[①]，文件要求过于烦琐同样存在诸多问题：

（1）相关说明对原型描述过细，而对可交付成果的描述却相对不足；

（2）在定型阶段提出过多的具体要求（添加过多超出要求的功能），没有为未来增加功能预留机会；

（3）解决方案仅是针对某个时间点，没有考虑随后需求或环境的变化。

此外，他还指出改进性或迭代性的方法也存在一些缺点：

（1）没有设计足够的初始增量，以便满足未来的发展；

（2）由于部分早期原型设定的预期不切实际，在项目情景描绘和操作性任务之后，工作会过于繁重，因而需要推迟处理；

（3）初始发布版本的功能可能有限，以致用户无法访问、学习或使用系统。

因此，计划和执行固然很重要，项目实施过程中为适应变化而进行的计划修订也很重要。

18.2　敏捷/迭代方法中的预先计划

长久以来，人们就已经认识到，在项目启动时只设置一个综合性的计划阶段存在一些明显的弊端。无论计划工作是叫做波次、螺旋、迭代还是计划编制期，在项目实施过程中安排附加计划工作方案会使工作更为有效。此类计划审查活动可促进在执行过程中的项目对挫折和机遇作出反应，并可根据发生的问题修订计划。

然而，在项目推行过程中，无预先计划也有其缺点。笔者曾就职于一家志向远大的小型创业公司。当时公司与几家重量级伙伴合作紧密，领域发展前景似乎也不错。笔者那时受首席信息官及总裁委托管理系统战略的执行落实工作。几个月后，首席信息官延长了假期，因而笔者在项目中发挥的作用越来越大，并开始研究战略。当时，即使托管

---

　　①　Boehm, B. (1996). Anchoring the software process. IEEE Software 13(4)：73-82.

公司已经有冗余备份,但公司还要构建一个双冗余系统。于是,笔者提出疑问:"这是客户要求的吗?"如果没有,那为什么要花费巨额金钱和大量时间构建这一系统? 没有人能回答这个问题。公司在未做充分分析的情况下仅是想当然要这么做。最后,在不必要的时间和金钱投入前,公司取消了这一多余的"镀金"工作。提出质疑和计划修订为公司节省了大笔资金。

科利尔和沃伦的研究指出[①],敏捷性和适应性至关重要:"Viagra 曾是辉瑞公司研发的一种不尽如人意的心脏药物,但却在花时间研究其副作用后,获得了另一领域的成功"。不执著于原计划中可观的回报而另辟蹊径,成就了辉瑞公司一项最赚钱的药品。这类机会并非在项目之初即可预见,但若出现在执行过程中必须能作出适当反应。这也适用于其他一些项目领域,而不仅仅是药品领域,甚至适用于新产品的开发。投入时间修订计划、解决问题或把握机遇是各产业领域中成功的关键。

勃姆的研究表明,在信息技术开发项目中使用螺旋式模型,并在每个"螺旋"中都包含计划阶段与执行阶段,"每代码行可获 57～140 美元的成本改善;每千代码行可获得 0.35～3 个误差的质量改进。"一个螺旋类似于滚动式计划中的一个波次或敏捷方法中的计划编制期。这些例子显示了项目管理中计划修订和敏捷性工作带来的益处。

基于对信息技术项目失效率的研究[②③],人们认识到,对需求变化和信息技术项目改进而言,必须要有正规的管理方法。敏捷性工作旨在应对死板项目计划所致绩效低下的挑战。

在 2001 年,曾提出一系列敏捷方法的从业人员们起草了"敏捷宣言"。该宣言声称,开发敏捷方法应关注四个核心价值[④](来源:

① Collyer, S. and Warren, C. M. (2009). Project management approaches for dynamic environments. International Journal of Project Management 27(4): 355-364.

② Sessions, R. (2009). The IT complexity crisis: Danger and opportunity. ObjectWatch, Inc. Retrieved from http://www. objectwatch. com/whitepapers/ITComplexity WhitePaper. pdf.

③ Standish Group, The (2011). CHAOS Manifesto 2011. The Standish Group. Retrieved from http://standishgroup. com/newsroom/chaos_manifesto_2011. php.

④ Dybå, T. and Dingsøyr, T. (2008). Empirical studies of agile software development: A systematic review. Information and Software Technology 50(9): 833-859.

www. agilemanifesto. org）：

（1）个人与交互重于开发流程与工具；

（2）可用的软件重于复杂的文件；

（3）寻求客户的合作重于对合同的谈判；

（4）响应变化重于始终遵循固定的计划。

进而，相关学者定义了敏捷方法与传统软件开发方法之间的差异[①]，详见表 18.1 中的归纳。

表 18.1　传统开发与敏捷开发的主要区别

	传统开发	敏捷开发
基本假定	通过细致而全面的计划构建系统，且系统具有明确和可预期的特征	基于持续设计改进的原则，通过快速反馈和变化的测试，通过小团队开发高质量适应性软件
管理风格	指挥和控制	领导能力和合作
知识管理	明确的	隐性的
沟通	正式	非正式
开发模型	生命周期模型	改进-交付模型
理想的组织结构	机械性（高度正规的行政机构），针对大型组织	有机性（富有弹性鼓励社会合作行动），针对中小组织
质量控制	繁重的计划工作和严格的控制；迟缓、繁重的测试工作	对需求、设计和解决方案的连续性控制；连续性测试

其中一些原理在软件产业得到了越来越多的认可，并且已开始在一般项目管理领域推广[①②]。敏捷方法自创立以来已取得巨大的发展，它包括贯彻敏捷哲学的多种方法论。表 18.2 举例说明一系列软件开

---

① Dybå, T. and Dingsøyr, T. (2008). Empirical studies of agile software development: A systematic review. Information and Software Technology 50(9): 833-859.

② Coram, M. and Bohner, S. (2005). The impact of agile methods on software project management. In Proceedings of the 12th IEEE International Conference and Workshops on Engineering of Computer-Based Systems (pp. 363-370).

发的敏捷方法。

表 18.2 主要敏捷开发方法的说明

敏捷方法	说明
光谱标记法	该类方法根据项目的规模和紧急程度为团队标记颜色:无色、黄色、橙色、红色、蓝色。最敏捷的方法标记为无色,它注重开发非关键软件的小型团队中的沟通。标记为无色的敏捷开发方法具有 7 项特征:高频交付、反思改进、渗透式沟通、人员安全、聚焦、易于获得专家和技术环境的需求
动态软件开发方法	将项目分为三个阶段:前项目阶段、项目生命周期、后项目阶段。作为动态系统开发方法基础的 9 个原则:用户参与、项目团队授权、高频交付、满足当前的业务需求、迭代式和增量式开发、变动可逆、项目启动前锁定高级范围、全生命周期检测以及快速有效的沟通
特征驱动开发	融合了模型导向和敏捷开发方法,强调最初的对象模型、特征分工以及对每项特征的迭代设计。要求适合关键系统的开发。每一次的特征迭代包括两个阶段:设计和开发
精益软件开发	源自精益生产和丰田产品系统软件开发的原则,包括 7 项:消除浪费、强化学习、三思后行、尽快交付、团队授权、建立诚信以及全面检查
斯克拉姆 (Scrum)开发	在难于预先计划的条件下,凭借"经验性流程控制"的机制关注项目管理。其中,反馈环构成了核心要素。对增量任务,由自组织团队来负责开发软件,它开始于计划工作,结束于工作检查。在系统中登记注册所用的产品特征。由产品的所有者决定哪一个注册项目应继续开发。团队成员通过每天的碰面会议协调他们的工作。作为团队成员之一,项目经理被赋予解决那些阻碍工作高效推进问题的职责
极端项目开发 (XP;XP2)	关注产品开发的 12 项最佳实践,包括:计划推演、小规模发布、象征、简单设计、测试、重构、成对编程、集体所有权、持续整合、每周 40 小时工作制、现场客户以及编码标准 修订的"XP2"包括以下"基本实践":坐在一起工作、完整的团队、富含信息的工作空间、充满活力的工作、成对编程、陈述、星期循环、季度循环、宽松环境、10 分钟构建、持续整合、测试优先编程以及增量设计。此外,还包括 11 项"拓展性实践"

资料来源:Afer T. Dybå and T. Dingsøyr, Information and Software Technology 50:833-859,2008.

18.3　敏捷方法中的计划工作

敏捷方法论对计划工作有哪些需求? 施密茨在一份关于敏捷计划工作方法的白皮书中指出[①],有很多种重要的计划工作种类,将敏捷性项目计划工作分为 5 个级别:

产品愿景——1 级;

产品路线图——2 级;

发布计划——3 级;

迭代计划——4 级;

日常计划——5 级。

他描述了更高级别计划的必要性——"采用迭代性计划时,若项目中存在较多迭代性工作或有多个项目团队参与,迭代性计划可能会丧失迭代性工作的长期视角"。他还指出,实质性的计划都是在日常会议中完成的,"虽然这种日常会议通常并不被视为计划工作会议,但其实质上具有计划工作会议的功能"。

与之相类似地,科拉姆和博纳指出[②],"敏捷方法确实需要开展预先计划工作。需要与客户开展合作,以便掌握用于首次发布的需求。"他们还指出,"由于存在诸多细小的任务,敏捷性流程需要更多的计划工作。……这是一项持续性工作,从而保证最佳的交付结果"。敏捷方法没有很长的计划阶段,而是将计划活动分解为多个迭代过程,而这些过程与执行和测试的联系更为紧密。这可能需要几个星期到几个月的时间。

但系统的进化并不总是最好的策略。良好的预先计划和分析仍然非常重要。笔者曾经在这样一家公司任职,它多年来一直保持着超乎

---

① Smits, H. (2006). 5 levels of agile planning: From enterprise product vision to team stand-up. Rally Software Development Corporation. Retrieved from http://www.rallydev.com/ downloads/document/2-five-levels-of-agile-planning-from-enterprise-productvision-to-team-stand-up. html.

② Coram, M. and Bohner, S. (2005). The impact of agile methods on software project management. In Proceedings of the 12th IEEE International Conference and Workshops on Engineering of Computer-Based Systems (pp. 363-370).

想象的高速业务增长。该公司的数据库最初是针对 10000 位客户设计的,但后来由于业务增长而不得不用来为 400 万客户保存记录。不幸的是,最初的设计者没有预见到这种情况,其所设计的框架结构扩展起来并不容易。随着越来越多的软件模块被关联到这个脆弱的框架结构上,情形变得越来越糟糕。但公司赞助商宁愿把预算花在可以保持业务增长的项目上,也不愿投入项目经费用于清理和重新设计这套笨拙的系统。除此之外,该公司似乎无法理解为什么系统是如此难以检测,看起来有如此多的错误,以及项目进度为何总是延后。然而,他们不愿意为必要的改变提供资金。于是,公司业务与信息技术之间的关系成了一场噩梦。可以认为,这就是敏捷项目可能掉入的陷阱。若没有详细的预先计划和分析工作,在设计时确定的规模就会不够适当,而且不能适当考虑长期的发展目标和方向。

勃姆在回顾敏捷方法并将其与传统方法进行比较时[1],指出了这个问题的两个方面。当项目的计划过于详尽时,"这样的计划也会造成大规模的争论、返工以及高度变动所致的延误"。然而,传统计划工作和敏捷方法之间通常能够保持适当的平衡。即便在敏捷性的项目中,对于诸如项目规模、安全需求、已知未来需求等因素,也要求开展预先计划工作;而在动荡、快速变化的环境中,所需要的预先计划工作则较少,而使用敏捷方法则较多。他指出,存在一个"利好点",该点的早期计划投入会在项目成功方面得到回报,该点位置取决于具体项目的特点。计划过多或过于详尽,会造成投入的浪费以及过多的计划返工;而早期计划工作不充分则会导致项目的失败。他没有指明是否可以借助某种方法找到这个"利好点",只是指出了该"利好点"的存在。他还指出,即使是纯粹的敏捷方法,也需要高水平的计划工作,而不是无原则的盲动。

曼恩和毛雷尔在研究斯克拉姆(Scrum,一种敏捷方法)对超时和客

---

[1]　Boehm, B. (2002). Get ready for agile methods, with care. Computer 35(1): 64-69.

户满意度的影响时发现①,客户认为日常会议使他们得以跟踪最新情况,计划会议有助于"减轻下一步开发什么方面的困惑"。他们还提及两位客户的反馈。

一位客户曾这样评论计划会议,"这种计划工作论坛是极好的;整个团队都参与其中,因此每个人都知道自己需要做些什么。"另一位客户说,他们认为计划会议可防止以后出现问题:"虽然一整天可能会很累人,但是我发现把时间花费在计划工作会上,可减少造成开发工作偏差的可能,使客户和开发商对开发过程的需求和局限性都有更清晰的认识。"

从这些研究文献中人们可以发现,敏捷计划的结构是敏捷项目成功的原因之一。计划推演作为敏捷方法中所使用的众多计划技术之一,对公司与客户都有积极的影响,因为它使这两个群体都能洞察开发的过程②。科斯凯拉和亚伯拉罕松分析了客户在 XP(极限编程,这是另一种敏捷方法)项目中的作用③,发现大部分时间都被用于参与计划推演会议与验收测试,其次用于发布周期结束时的总结会议。敏捷项目致力于减少所使用正式流程的工作量,然而即便对敏捷项目而言,一些计划工作的重要性仍需予以重视。事实上,计划工作占客户投入的42.8%,这表明计划在敏捷项目中的重要意义,如图 18.1 所示。

笔者管理极限编程项目的经验可以证明它们确实有效。在一个案例中,项目及时、顺利交付且未超出预算上限,只是实际花费并没有想象的那么低。这可能是因为安排备用程序员,而非一人一岗,于是产生了一些人工成本。正如笔者在第 19 章中所言,采用敏捷方法往往可以做成一些项目,但成本不一定很低。

---

①　Mann, C. and Maurer, F. (2005). A case study on the impact of scrum on overtime and customer satisfaction. In Agile Conference, 2005 Proceedings (pp. 70-79).

②　Dybå, T. and Dingsøyr, T. (2008). Empirical studies of agile software development: A systematic review. Information and Software Technology 50(9): 833-859.

③　Koskela, J. and Abrahamsson, P. (2004). On-site customer in an XP project: Empirical results from a case study. In T. Dingsøyr (Ed.), Software Process Improvement, Vol. 3281 (pp. 1-11). Berlin/Heidelberg: Springer.

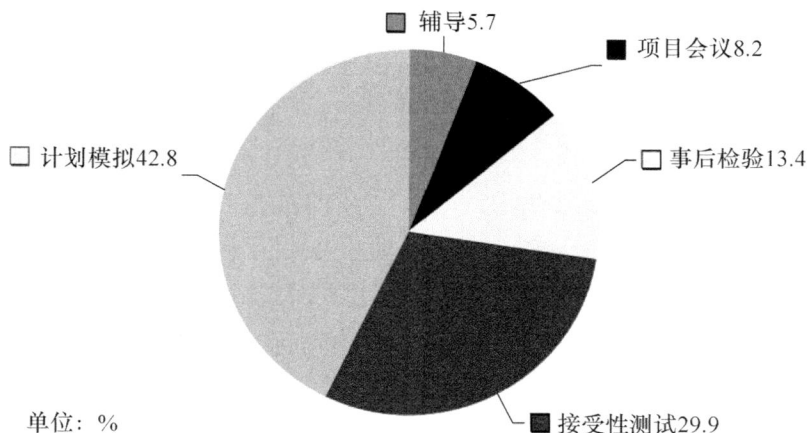

图 18.1 XP 项目的客户投入百分比[①]

18.4 敏捷方法与传统方法的对比

马格吉纳斯和费尔特调查了采用敏捷方法的公司与没有采用敏捷方法的公司之间在计划工作方面的差异[②]。他们指出,两种方法在完成时间与预算目标、项目失败原因等方面没有显著差别。他们还指出,虽然预测技术随着时间推移而有所改进,但诸如过分强化成本压缩等因素仍会扭曲预测。这会导致不利的结果,例如,项目的错误选择,成本比原本先否决的预算还要高,或者忽略一些有可能带来更多收益的项目。

切斯基与其同事研究了由软件公司经理所构成的数据样本[③]——10 个采用敏捷方法的公司与 10 个使用传统方法的公司。他们指出,"大多数采用敏捷方法的公司都倾向于进行计划,因此在每次迭代工作

---

① After J. Koskela and P. Abrahamsson. In T. Dingsøyr (Ed.), Software Process Improvement, Vol. 3281 (pp. 1-11), 2004, New York: Springer.

② Magazinius, A. and Feldt, R. (2011). Confirming distortional behaviors in software cost estimation practice. In Proceedings of the 37th EUROMICRO Conference on Software Engineering and Advanced Applications (SEAA) (pp. 411-418).

③ Ceschi, M., Sillitti, A., Succi, G., and De Panfilis, S. (2005). Project management in planbased and agile companies. IEEE Software 22(3): 21-27.

中只开发基本功能。然而，这并不意味着他们不对开发过程进行仔细的计划。事实上，与采用传统方法开展计划工作的公司相比，他们对于其项目的计划工作更为满意"。有意义的问题在于，他们发现即使是在采用敏捷方法的公司，"尽管70％的项目经理对计划工作已经足够满意，20％的项目经理对计划工作非常满意，仍有85％的项目经理认为流程性计划工作还有改进的空间"。有20％的非敏捷性项目经理对其计划工作并不满意，而没有任何一个敏捷项目经理对其项目的计划工作流程表示不满意。显然，敏捷性项目经理对其项目的计划工作更满意一些。

因此，我们可以从上述研究文献中得出以下结论：

无论是在预先计划工作中，还是在项目实施的过程中，交互式或敏捷性的方法都是需要的。

第 19 章 敏捷方法与成功

不能仅仅因为一些事情没有按照计划去做,就认为计划工作本身没有意义。

——托马斯·A·爱迪生(美国发明家)

19.1 敏捷方法与成功的评估概览

作为最初研究的一部分,笔者搜集了一些关于敏捷项目和迭代项目计划特征方面的信息。这里对敏捷项目的研究构想,与用于最初计划的调查研究相似,如图 19.1 所示。

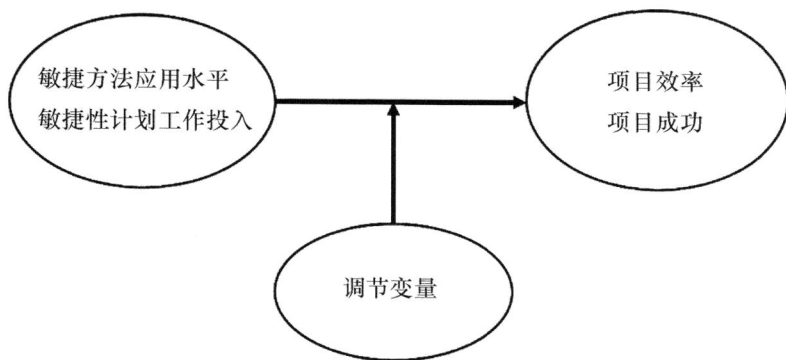

图 19.1 对敏捷性方法的主要研究框架

或许读者还记得,笔者之前用三个成功指标对项目的成功进行了评估。这些指标也可用于研究敏捷性方法的影响。它们分别是:

(1)效率指标;

(2)利益相关者成功指标;

(3)总体成功指标。

为达成此次调查研究的目标，笔者收集了两组关键数据，分别是计划工作花费时间占项目总时间的比例（或百分比）和项目成功指标。本书为包含敏捷/迭代性计划工作的项目，创建了一个指标：

$$敏捷性计划投入指数 = \frac{计划阶段之后的计划投入总时间}{项目投入总时间（人天）}$$

在计划阶段的计划工作完成量被视为关键数据。计划投入指数是该资料的重要评估因素（更多详情见附录 A）。在移除无效数据和异常值之后，有效的敏捷性项目总计有 1002 个。

敏捷和迭代方法对项目有巨大影响。在调查研究中，笔者曾询问调查对象在他们经历的项目中使用了多少敏捷方法或迭代方法。在起初的 1386 个项目中有超过 65％ 的报告显示使用了敏捷方法或迭代方法，如表 19.1 所示。

表 19.1　方法类型频率表

敏捷/迭代百分比	计数	累积计数	百分数/％
80％～100％	80	80	5.8
60％～79％	152	232	11.0
40％～59％	347	579	25.0
20％～39％	162	741	11.7
1％～19％	194	935	14.0
0	451	1386	32.5
缺失数据	0	1386	0.0

或许读者不知道，为何需要调查一个项目中的敏捷性方法使用的百分比。敏捷性方法不是一个非此即彼的主张。在笔者的职业生涯中，既使用过整体性敏捷方法也使用过局部性敏捷方法。在某项目中，笔者曾管理一个离岸供应商，这对于一个新团队来说颇具挑战性。由于开发团队距离很远并且无法亲自加以管理，笔者尝试通过敏捷方法来降低风险，并选用了敏捷方法中的某些方面。笔者要求供应商在计划中补充一些常规内容，而不是只在项目结束时将所有内容一并完成。

此外,笔者还要求他们在计划中设置演示说明。项目的结果是这样的——虽然首个完整的框架比原计划多用了四个星期,而且首个演示说明不尽如人意,但是,在项目结束时各项工作都得以平稳运行,而且演示说明也令人满意;这些演示范例同样清晰地为使用者提供了有价值的参考。在此案例中,笔者没有使用全部的敏捷方法,而是选用其中某些方面为项目带来收益。

研究显示,敏捷/迭代方法应用较多的项目通常成功率也会较高。从利益相关者成功指标和成功指标的 p 值可以看出,敏捷方法的应用和三种成功指标之间存在明确的相关性,如表 19.2 所示。与预期一致,在项目执行中的计划工作量同样与所采用的方法论具有显著关系。从第 18 章中可知,敏捷性项目的执行阶段中包含大量计划工作。

表 19.2　方法类型的均数检——项目中敏捷或迭代方法的应用量

敏捷/迭代百分比	均数及方差分析					
	前期计划工作指数	敏捷计划工作指数	成功指标	效率指标	利益相关者成功指标	有效样本量 N
80%～100%	0.16	0.15	3.57	4.82	3.64	80
60%～79%	0.15	0.14	3.48	4.66	3.57	152
40%～59%	0.16	0.13	3.50	4.79	3.54	347
20%～39%	0.14	0.10	3.36	4.64	3.41	162
1%～19%	0.15	0.09	3.17	4.46	3.18	194
0	0.15	0.05	3.22	4.58	3.21	451
全部分组	0.15	0.11	3.38	4.65	3.38	1386
p 值(F)	0.17	0.00	0.00	0.09	0.00	

此外,敏捷性开发的水平与项目成功之间的相关性较小,但仍具有统计学显著性,如表 19.3 所示。笔者还注意到这样一个有意义的情况——敏捷性方法应用比例较高的项目,其前期计划工作量与传统项目十分接近;并且前期计划指标的 p 值显示,敏捷性方法的应用与前期计划工作之间没有显著关系。如果,敏捷性项目还在实施阶段开展了大量的计划工作,那么在总体水平上敏捷性项目的计划工作量将大于

传统项目[1][2]。

表 19.3　方法类型与成功指标之间相关性分析

	项目成功率	效率指标	利益相关者成功指标
方法类型	0.172 $p=0.000$	0.062 $p=0.022$	0.157 $p=0.000$

接下来，笔者用类似的方法，对敏捷方法与各成功指标的关系进行了分析，如表 19.2 所示。分析表明，敏捷方法的使用与各成功指标之间呈正相关关系；其中，既包括效率指标，也包括总体成功指标；而与利益相关者成功指标则呈现最高的相关性。分析得出了较低的 p 值，说明这些相关关系均有统计学显著性。

可以通过回归分析进一步理解这种相关性，如表 19.4 所示。结果显示，尽管回归模型的决定系数 R^2 值仅为 0.03，但其较低的 p 值说明显著性较高。通过排除调节变量的影响，分层线性回归分析有助于发现潜在的相关性并得出更高的决定系数 R^2 值。

表 19.4　方法类型与项目成功率的标准线性回归分析

	方法类型与项目成功率回归概要			
	R	R^2	项目数量	p 值
方法类型	0.172	0.029	1386	0.000

鉴于分析结果具有很低的 p 值，表明这些结果具有一定的说服力。然而，研究结论仅由一个调查问题推导得出，而且在研究中仅使用一个调查问题来掌握敏捷方法的使用程度，难免也会引起一些质疑。

为避免回归分析法对单一指标项目评估产生的问题，本研究创建了一个新的指数。该指数将敏捷方法在项目中的使用程度和项目实施

---

① Dybå, T. and Dingsøyr, T. (2008). Empirical studies of agile software development: A systematic review. Information and Software Technology 50(9): 833-859.

② Smits, H. (2006). 5 levels of agile planning: From enterprise product vision to team stand-up. Rally Software Development Corporation. Retrieved from http://www. rallydev. com/ downloads/document/2-five-levels-of-agile-planning-from-enterprise-productvision-to-team-stand-up. html.

阶段的计划工作量结合到一起。以下对相关因素进行定义。

作为一项标准化的综合性指标,综合敏捷性因素等于以下两项指标的均值:

(1) 方法类型;

(2) 敏捷性计划投入指数。

敏捷性计划指数的定义如前所述。

两项指标都被用来衡量项目中的"敏捷性"。首先,基于调查对象的回答评估有多少敏捷性流程用于项目;其次,作为敏捷性项目的特征,掌握项目实施阶段完成了多少计划工作[1][2]。

由于相关问题的回答方式存在差异,在数据分析之前需要对现有项目敏捷性方面的数据进行一些转换。为了便于对相应的数据进行分析,项目敏捷性数据被拆分成两组——组 1,倾向于在项目实施前开展更多的计划工作;组 2,倾向于在项目实施过程中开展更多的计划工作,如表 19.5 及表 19.6 所示。

表 19.5　组 1 中综合敏捷因素与项目成功率的标准线性回归分析

综合敏捷因素与项目成功率回归概要			
	R	R^2	项目数量	p 值
综合敏捷因素	0.133	0.015	412	0.007

表 19.6　组 2 中综合敏捷因素与项目成功率的标准线性回归分析

综合敏捷因素与项目成功率回归概要			
	R	R^2	项目数量	p 值
综合敏捷因素	0.120	0.013	590	0.003

可以看到,与第 1 组的结果和单一因素相比,第 2 组的 p 值较好,

---

① Dybå, T. and Dingsøyr, T. (2008). Empirical studies of agile software development: A systematic review. Information and Software Technology 50(9): 833-859.

② Smits, H. (2006). 5 levels of agile planning: From enterprise product vision to team stand-up. Rally Software Development Corporation. Retrieved from http://www. rallydev. com/ downloads/document/2-five-levels-of-agile-planning-from-enterprise-productvision-to-team-stand-up. html.

尽管第 2 组的 R^2 值比第 1 组值低。不管怎样，所有的分析都表明敏捷方法的应用有助于提高项目成功率。

19.2　敏捷方法在世界范围内的应用

敏捷方法在全球不同地区的应用是否存在区别？本节就来分析敏捷方法在全球不同地区之间应用情况的差异，如表 19.7 所示。

表 19.7　按地区比较敏捷性项目成功指标的均值与回归分析结果

地区	方法类型	计划工作指标	成功指标	项目成功率	效率指标	利益相关者成功指标	有效样本量 N
印度次大陆	3.67	0.17	3.32	3.38	4.51	3.39	97
北美洲	4.20	0.15	3.44	3.42	4.79	3.47	756
撒哈拉以南非洲	4.62	0.22	3.20	3.11	4.44	3.24	37
大洋洲	4.33	0.16	3.22	3.35	4.45	3.22	49
北极和南极	5.00	0.18	4.73	5.00	6.00	5.00	1
欧洲	4.09	0.13	3.26	3.24	4.52	3.29	213
拉丁美洲	4.37	0.16	3.07	3.10	4.23	3.10	83
俄国与苏联地区	3.75	0.16	3.25	3.42	4.17	3.42	12
太平洋	3.83	0.16	3.39	3.38	4.81	3.37	24
中东地区	3.85	0.19	3.25	3.23	4.43	3.32	82
远东地区	4.44	0.16	3.14	2.88	4.77	3.00	32
全部分组	4.20	0.17	3.39	3.41	4.65	3.44	1386

值得注意的是，将项目按地域分组后并未显现出明确的趋势。敏捷方法使用率高（在表中方法一列的数值较高）的地区并未出现更高的项目成功值。同样，除拉丁美洲之外的任何地区，都没有发现敏捷方法的应用与项目成功之间存在显著的相关性。然而，若将所有地区的数

据汇总为一个数据集进行分析,则敏捷方法的应用与项目成功之间存在明确的相关性。这种情况是因为,某些地区的数据样本量过少,以致很难在其中通过统计分析发现显著性的差异。通过描述性的统计可以看出,敏捷方法应用最为普遍的地区是俄国和太平洋地区,其次是欧洲、印度次大陆、中东地区和北美地区。

19.3　敏捷方法在各类产业中的应用

接下来,采用相似的方法对敏捷方法在各产业中的应用情况进行分析。本案例的研究结果如表 19.8 所示。

表 19.8　按产业比较敏捷性项目成功指标的均值与回归分析结果

产业分类	方法类型	效率指标	利益相关者成功指标	总体成功指标	有效样本量 N	对整体成功回归所得 p 值
建筑业	4.7	4.5	3.7	3.5	23	0.2
金融服务业	4.8	4.6	3.3	3.3	73	0.7
公共事业	4.3	4.4	3.4	3.3	23	0.6
政府机构	3.6	4.3	3.2	3.1	34	0.3
教育产业	3.8	4.9	3.2	3.3	10	0.1
其他	4.2	4.5	3.2	3.2	53	0.0002[a]
高技术产业	4.5	4.7	3.4	3.4	57	0.04[a]
电信业	4.3	5.1	3.7	3.7	35	0.6
制造业	4.8	4.4	3.3	3.3	42	0.7
健康服务业	4.5	5.0	3.5	3.5	24	0.02[a]
专业服务	4.3	4.5	3.3	3.3	22	0.03[a]
零售业	4.3	4.6	3.2	3.2	16	0.7
全部分组	4.4	4.6	3.4	3.3	412	0.007[a]

a. 具有统计学显著性。

其中,可以看到一些有意义的趋势。其中,高技术产业、健康服务业、专业服务以及其他产业等四个领域的统计分析结果具有统计学显著性。众所周知,敏捷方法在高技术与信息技术产业中使用较为普遍,事实上敏捷方法最初就是为此类产业环境而设计的①。在不大可能使用敏捷方法的建筑业、制造业以及零售业等产业领域，其统计分析结果未见统计学显著性关系。

19.4　使用调节变量对敏捷方法的应用情况进行分析

采用层次回归分析法对研究中收集到的调节变量进行分析，对结果进行整合。在对第 1 组数据的分析中，未发现调节变量。而在对第 2 组数据的分析中，目标/愿景的质量被认定为一个关键调节变量。该调节变量一般代表，向项目团队下达的目标质量与清晰程度的重要性，如表 19.9 和表 19.10 所示。用第 2 组数据进行分析，考虑目标/愿景的质量效果，决定系数 R^2 值达到 0.17，并且显著性水平 p 值也非常理想。此决定系数 R^2 值对项目管理的研究很有意义，并且表明敏捷方法与项目成功之间具有较强的相关性。

表 19.9　组 2 中成功因变量的调节变量研究结果

调节变量	在项目成功中所扮演的角色
利益相关者参与水平	独立变量
目标/愿景的适用性/质量	独立变量与调节变量
工作分解结构（WBS）质量	独立变量
项目对组织陌生程度	无相关性
项目技术水平	无相关性
项目周期	独立变量
项目复杂性	独立变量
新产品还是维护	无相关性
团队经验水平	独立变量
自产还是外包	无相关性
团队规模	无相关性

---

① Dybå, T. and Dingsøyr, T. (2008). Empirical studies of agile software development: A systematic review. Information and Software Technology 50(9): 833-859.

表 19.10　以目标/愿景质量为调节变量对组 2 数据中

敏捷因素与成功指标的层次回归分析

输入变量	步骤 1	步骤 2	步骤 3
主要效应			
综合性敏捷因素	0.715[b]	0.337	−1.444[a]
调节变量			
目标/愿景的质量		−0.484[c]	−0.825[c]
相互作用			
结合敏捷因素目标/愿景的质量[a]			0.858[c]
回归分析 F 值	8.622[c]	57.476[c]	41.619[c]
R^2	0.013	0.161	0.171

a. $p < 0.05$。

b. $p < 0.01$。

c. $p < 0.001$。

对整个数据集的分析得出了相似的结果。采用层次回归分析对全数据集以及成功关键指标进行分析的结果,如表 19.11 所示。对整个数据集而言,若以 $p < 0.10$ 为显著性水平,p 值具有统计学意义,但仍略显偏高。同样值得注意的是,整个数据集的决定系数 R^2 值为 0.164,这与第 2 组分析结果的决定系数 R^2 值(0.171)非常接近。与项目效率相比,敏捷方法的应用对利益相关者成功指标及总体成功指标有更大的影响。当然,这主要与敏捷方法的一项既定目标相符,即致力于实现用户或利益相关者的效用最大化。

表 19.11　综合性敏捷因素与成功指标层次回归

分析所得 R^2 值的比较(全数据集)

	$N = 1002$		
	利益相关者成功指标	效率指标	成功指标
R^2	0.152 $p = 0.089$	0.096 $p = 0.083$	0.164 $p = 0.070$

19.5 小结

本章调查研究的数据分析显示，敏捷方法的应用与项目成功之间有明确的关系。这与敏捷方法在过去十年中的不断普及有关[①]。

表 19.4 给出了敏捷方法的应用与项目成功的相关性。表中显示敏捷方法应用得越多，项目成功的机会也就越多。为证实敏捷性方法与项目成功的相关性，本研究使用了许多不同性质的方法进行分析，各项分析结果均给出了具有统计学意义的结论。除某些产业领域的项目由于样本量过少无法得出确切结论外，其余产业项目的分析中仍得出敏捷方法与项目成功具有显著关系的结论。层次回归分析显示，其相关性的决定系数 R^2 值可以达到 0.17，这对于项目管理研究来说是个理想的结果。

关于敏捷方法对项目成功的影响常见诸媒体报道。然而，本研究是首次从实证角度采用大量数据验证此种相关性的研究，并用事实证实了这种关系的存在。无论是对 1386 个项目样本的单一指标的全数据集分析，还是对 412 个项目样本的累加指标小数据集分析，都得到了相同的验证结果。

敏捷方法对于项目成功确实存在实质性影响，在可以遇见的未来，敏捷方法一定会在项目管理领域得到进一步的认可。

值得注意的是，敏捷方法应用程度较高的项目，若其前期计划工作量与传统项目接近，而在项目实施阶段又开展了实质性的计划工作，那

---

① Magazinius, A. and Feldt, R. (2011). Confirming distortional behaviors in software cost estimation practice. In Proceedings of the 37th EUROMICRO Conference on Software Engineering and Advanced Applications (SEAA) (pp. 411-418).

么采用敏捷方法项目的计划工作量就会大于传统项目①②③。项目实施阶段计划工作的影响是另一个研究领域。计划工作的结构与敏捷方法的成功之间是否存在关系？这是一个需要进一步研究的领域。

敏捷方法的应用与项目成功之间存在明确的关联：敏捷方法的应用水平越高，则项目成功的概率也会越高。

---

① Dybå，T. and Dingsøyr，T. (2008). Empirical studies of agile software development：A systematicreview. Information and Software Technology 50(9)：833-859.

② Coram，M. and Bohner，S. (2005). The impact of agile methods on software project management. In Proceedings of the 12th IEEE International Conference and Workshops on Engineering of Computer-Based Systems (pp. 363-370).

③ Smits，H. (2006). 5 levels of agile planning：From enterprise product vision to team stand-up. Rally Software Development Corporation. Retrieved from http://www. rallydev. com/ downloads/document/2-five-levels-of-agile-planning-from-enterprise-productvision- to-team-stand-up. html.

第 20 章　计划工作对管理者成功的重要意义

你花费越多的时间考虑"应该做的事",就会失去更多的宝贵时间去计划"可以和将要做的事"。

——李尔·韦恩(美国歌手)

正如柯兹纳所说[①],"优秀的项目管理者和糟糕的项目经理之间的区别通常可以描述为一个词——计划"。孔茨指出[②],一个管理者的工作中至少要有一些计划,否则就得怀疑他是不是个真正的管理者"。

计划和分析上的时间花费对管理者个人成功的影响,是否如同它对整个项目成功的影响?克劳福德指出[③],计划能力是有关项目管理能力的文献中所提及的重要因素之一。因此,值得进一步对这方面的文献展开研究。博因顿等人也指出[④],计划是关键性高级管理活动,且高级管理者可能比诸多初级管理者更加熟识计划理念。江、克莱因和陈指出[⑤],计划活动会影响一个项目经理的业绩。当然,这或许是因为计划内容与项目绩效相关。成功的项目无疑会对一个项目经理的业绩有所帮助。

① Kerzner, H. (2003). Project Management: A Systems Approach to Planning, Scheduling, and Controlling (8th ed.). New York: Wiley.

② Koontz, H. (1958). A preliminary statement of principles of planning and control. The Journal of the Academy of Management 1(1): 45-61.

③ Crawford, L. (2000). Profiling the competent project manager. In Project Management Research at the Turn of the Millennium: Proceedings of PMI Research Conference, June 21-24, Paris (pp. 3-15).

④ Boynton, A. C. and Zmud, R. W. (1984). An assessment of critical success factors. Sloan Management Review 25(4): 17-27.

⑤ Jiang, J. J., Klein, G., and Chen, H. -G. (2001). The relative influence of is project implementation policies and project leadership on eventual outcomes. Project Management Journal 32(3): 49-55.

20.1　管理者的计划时间

　　然而,更具广义性的问题是——对职业生涯的成功而言,一名管理者在他或她自己工作计划上花费的时间,是否比其在项目或企业计划上花费的时间更为重要? 明茨伯格在他关于管理者工作本质的著作中指出[①],管理者几乎没有时间去作计划,他们主要的时间都用在待人接物上了。"管理工作并不会培养深思熟虑的计划人员;管理者受到各种因素的影响,受到工作的制约他们更愿意选择推迟行动"。然而,他指出管理者在计划方面即便如此,"当管理者必须做计划工作时,他们似乎会将计划融入日常工作中去,而不是关起门来做两个星期的抽象流程"。克劳福德同时也指出[②],计划工作能力与项目管理者对自我能力的肯定有关。然而,两者之间的关联与上级对项目经理能力的评估并不总是一致——如果工作感觉良好项目经理便会肯定自己;但是监督者并不一定评判项目经理之间谁比谁做得更好。

　　研究表明,项目经理的绩效评估结果在北美和欧洲之间存在地域性差异。英国的管理者比美国的管理者更倾向于对他们项目经理的表现作出相对较低的评价。并且,如果英国的项目经理们自称拥有良好的计划能力或者很高的学识,管理者们倾向于给这样的项目经理较低的评价。在美国和澳大利亚的管理者中则看不到这种趋势,管理者们更倾向于在一定程度上肯定那些对自己计划能力评价较高的项目经理。笔者认为,这可能与英国文化强调保守和客观的传统相关。

---

①　Mintzberg, H. (1975). The manager's job: Folklore and fact. Harvard Business Review 53(4): 49-61.

②　Crawford, L. (2000). Profiling the competent project manager. In Project Management Research at the Turn of the Millennium: Proceedings of PMI Research Conference, June 21-24, Paris (pp. 3-15).

20.2　成功管理者的计划策略

科特尔的研究指出[①]，讲求实效的管理者花费很少的时间在正式的计划上。看起来，他们通过与众多平时不向他们汇报的人随机谈论零星话题获得了较多收益。在他看来，正式的或者日常的计划用处不大；管理者的信息获取具有持续性而非仅依靠计划会议。然而，讲求实效的管理者甚至在履新之前，总体性的策略和计划便已成竹在胸。这里他指的是作为议事日程的总体策略。他也指出，"高效的高管们制定的日程中包含宽松的目标和计划，以便履行他们长期、中期和短期的职责"。

明茨伯格指出[②]，公司将管理者的战略规划职能剥离，并将此职能转交专门战略规划部门的尝试通常都不会成功。他表示，战略规划人员不具备深入的组织知识或者必要的二次信息资源来创建有效的愿景或战略。关键在于，即使战略规划部门提供分析或创建最终详细计划的帮助，并使之作为项目管理者的工作输入，管理者们仍会执行他们自己的战略分析和计划。

科维在他关于个人成功的著作中给出了高效人员的七种习惯[③]：

习惯一：积极主动；

习惯二：未雨绸缪；

习惯三：要事第一；

习惯四：双赢思维；

习惯五：彼此沟通；

习惯六：协作增效；

习惯七：提升能力。

大家可以发现其中两种习惯（未雨绸缪、要事第一）与计划密切相

---

① Kotter, J. P. (1999). What effective general managers really do. Harvard Business Review 60(6)：3-12.

② Mintzberg, H. (1994). The Rise and Fall of Strategic Planning: Reconceiving Roles for Planning, Plans, Planners. Englewood Cliffs, NJ：Prentice Hall.

③ Covey, S. (2004). Seven Habits of Highly Effective People. New York：Free Press.

关,还有三种习惯(双赢思维、彼此沟通、协作增效)与分析有关。这本书在某种程度上强调,深思熟虑的计划和分析是通往个人成功之路。

比勒、格里芬和罗斯指出[①],所谓的"计划谬误"尤其易于影响那些设法去评估他们自身能够做多少事情,以及他们何时可以完成各项任务的人。花费更多时间进行计划的管理者本应作出估计并预计结果,但前提是这种预估需要时间和实践以保证正确。

卢森斯记录了44名管理者的行为和活动并指出[②],高效的管理者和成功的管理者,在如何分配他们的时间上是有区别的。他发现高效的管理者花费更多的时间在传统管理活动中,诸如计划、组织、指挥、协调和控制;然而,成功的管理者花费更多的时间在建立体系上。卢森斯得出如下结论:

传统观点认为晋升是基于绩效。这是正式人事政策中表述的条款,也是新入职管理人员被告知的内容,还是所有管理教科书中声称将会发生的事情。另一方面,真实组织中(不是在教科书或者最新畅销书及录像带中所说的组织),那些更有经验(或许是更加实际)的人认为,沟通和行政能力才是取得进步和成功的真正关键。我们的研究结果支持后一种观点。

卢森斯认为,花费更多时间在诸如计划等任务上的管理者在产出结果上更加有效率,这并不意味着他们在职业生涯上也更加成功。当然,也存在这样的管理者,他们比一般的管理者更有效率同时也更加成功。卢森斯的研究结果与克劳福德的一些看法一致[③]。克劳福德也发现,与诸如编制计划在内的传统管理能力相比而言,高管评价下属项目经理的表现时,更多考虑的是管理要素。

笔者职业生涯中的情况或许正是如此。一些项目经理通过在他们领导面前表现出扭转乾坤的能力而变得非常成功。他们无时无刻不在

① Buehler, R., Griffin, D., and Ross, M. (1994). Exploring the planning fallacy: Why people underestimate their task completion times. Journal of Personality and Social Psychology 67(3): 366-381.

② Luthans, F. (1988). Successful vs. effective real managers. The Academy of Management Executive (1987) 2(2): 127-132.

③ Crawford, L. (2000). Profiling the competent project manager. In Project Management Research at the Turn of the Millennium: Proceedings of PMI Research Conference, June 21-24, Paris (pp. 3-15).

工作,卷起袖子完成任何需要做的事情。这种充满活力、勇于担当的管理人员能够晋升到很高的位置。记得笔者曾经与这样一位高级项目经理共事。她拥有一支经验丰富、见识广博的项目经理团队与她一起工作。然而,一旦遇到危机,她将就亲自主持会议、周末加班并组建"老虎团队"。她属下的管理者感觉得不到充分发挥,并且其中一部分人多半出于厌倦这种枯燥的工作模式而离开她的项目部。退一步说,她本该做好授权并扮演好高级项目经理的角色。这或许能够产生更好的效果并且更有效率。大家习惯与她这样的人一起工作吗? 她的工作方式对整个组织有益吗? 答案或许是否定的,但是她的职业生涯却在一路攀升。

通过对 203 名复杂项目管理者的调研,德利对他们的思维方式进行了研究①。他基于克顿的定义②,对适应性思维模式和创新思维模式进行了比较,并指出复杂项目的管理者倾向于创新思维模式。德利在其结论中提出:

研究证明,那些复杂项目的典型管理者拥有创新思维模式。这意味着他/她可能不那么关注细枝末节、循规蹈矩,以求得项目的成功。这不仅可能是项目预算超支和延迟交付的成因之一,还可能造成他们与那些典型的适应性管理者发生争执。

其言外之意是选择更加注重细节的(适应性)管理者,从而可以更好地开展计划工作,这会使得项目更加成功,同时项目经理也会得到更好的职业发展。克劳福德在一项关于项目经理能力的高级管理理念的研究中指出③,计划工作被列为 16 个要素中的第 4 位。拥有对合同条款的详细了解与对项目成本的详细了解分别被列为第 1 位和第 2 位,这两个要素被认为与参与前期工作和项目计划活动相关。此项研究认为项目经理的计划能力评定非常重要,这与克劳福德 2000 年的研究结果

---

① Tullett, A. D. (1996). The thinking style of the managers of multiple projects: Implications for problem solving when managing change. International Journal of Project Management 14(5): 281-287.

② Kirton, M. (1976). Adaptors and innovators: A description and measure. Journal of Applied Psychology 61(5): 622-629.

③ Crawford, L. (2005). Senior management perceptions of project management competence. International Journal of Project Management 23(1): 7-16.

并不完全吻合。计划工作对管理者成功的重要性在文献中似乎有多种不同的解释。

记得有一位在某家大型企业工作的管理者,其在职位上已经形成这样一种常态——多年来他一直成功地管理着同一个团队,对流程了如指掌,并与手下的员工相处得十分融洽。然而,他有抱怨老板的习惯,并且还偶尔会对所属的管理人员大发雷霆。几年之后,笔者听说他在一次重组中被裁撤掉了。无法想象他的接替者能达到与之相似的流程知识或者能把团队带得更好。可见,在胜任工作的因素中,管理人员之间关系的重要性或许不可替代。这再一次表明,一个管理者的成功不仅取决于成功的计划,甚至也不仅取决于管理的执行力。

卡罗尔和吉伦回顾了传统管理职能(包含计划和成功)之间的联系[1]。他们发现计划与群体以及个人的成功都存在相关性,并且计划是管理职能中最重要的组成部分之一。他们通过对 28 名管理者超过两周的研究发现,编制计划占用了这些管理者们 19% 的工作时间。他们同时指出:

"斯塔格纳发现 109 位首席执行官花费在企业计划上的时间与公司的盈利水平相关。有一些证据表明,计划工作无论对最低管理层级还是最高管理层级而言都是重要的。例如,一项对于美国通用电气公司班组长的研究中显示,产出较高的班组长比产出较低的班组长,在长期计划与组织工作上花费的时间更多。"对于管理者个人来说,"通过评价中心测试所得的计划和决策技能水平是管理工作成功的最重要影响因素之一",如表 20.1 所示。

在卡罗尔和吉伦另一篇相关论文中同样指出[2],在美国电话电报公司(AT&T)对 8000 名初级管理者评估的研究中发现,计划工作的技能是管理工作成功的最重要影响因素之一。

但是,一个管理者花费在计划他自身工作的时间与他的成功是否

---

[1] Carroll, S. J. and Gillen, D. J. (1987). Are the classical management functions useful in describing managerial work? Academy of Management Review 12(1): 38-51.

[2] Carroll, S. J. and Gillen, D. J. (1984). The classical management functions: Are they really outdated? In Academy of Management Proceedings (00650668) (pp. 132-136).

存在关联？曼金斯对全球 187 家市值超过 10 亿美元的企业进行了调查研究[1]，计算了企业高管团队花费在战略规划上的时间量。他发现企业高管们平均每年投入 37 小时或其总工时的约 15%用于计划工作。这对于企业高管来说是一项非常重要的时间投入。

在一篇关于时间管理的论文中，埃尔伍德论述了管理者的资历与他们通常在计划上所花时间量之间的相关性[2]。他这篇论文基于所收集到 1990 年以来 20 万小时的真实数据，如图 20.1 所示。

其研究结果表明，管理者平均花费 8%的时间在计划上，见表 20.2。然而，与曼金斯的研究不同，此研究结果混杂了高级和中级管理者的数据。埃尔伍德还同时指出[2]，"相比于中层管理者和销售经理，处于企业较高层级的高级管理者和总裁会在计划上花费更多的时间"。这大体与曼金斯关于顶级管理团队在计划上花费约 15%时间的研究结果吻合。

表 20.1 管理技能与单位生产力/效率之间的关系

管理技能	样本 1 制造业公司 （56 个单位）	样本 2 航空企业 （48 个单位）
监督技能	0.46[a]	0.25[a]
计划技能	0.34[a]	0.43[a]
调研技能	0.19	0.20
协调技能	0.19	0.30[a]
评估技能	0.10	0.08
用人技能	0.23[a]	0.12

数据来源：After S. J. Carroll and D. J. Gillen, Academy of Management Review 12：38-51, 1987.

a. $p < 0.05$。

① Mankins, M. (2004). Stop wasting valuable time. Harvard Business Review 82(9)：58-65.

② Ellwood, M. (2005). Time priorities for top managers. In International Association of Time Use Researchers Annual Conference, Halifax, Canada.

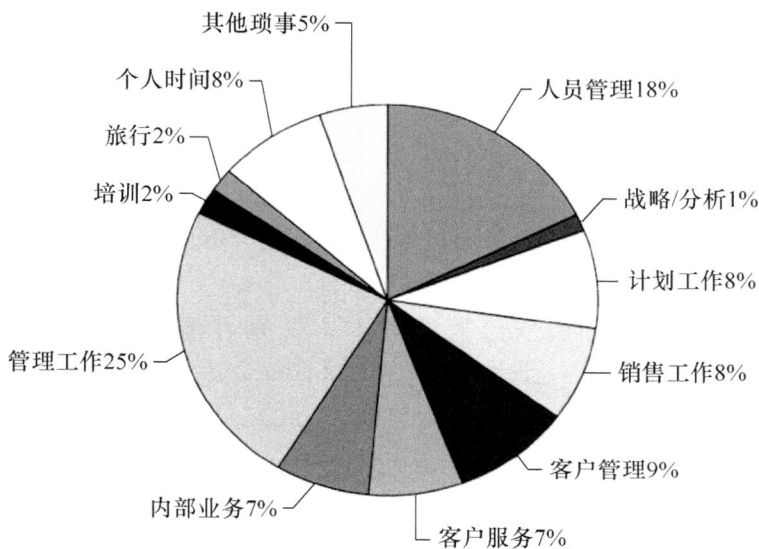

图 20.1　管理者如何分配他们的时间[①]

表 20.2　管理者时间分配计划

	计划类别				
	每周小时数	次数	持续时间/分钟	理想小时数	与理想小时数之差
中级管理者	4.7	10	28	5.5	−0.8
高级管理者	9.8	18	32	7.2	+2.6
销售经理	4.1	14	17	4.2	−0.1
总裁	14.8	20	44	13.6	+1.2
所有管理者	4.0	13	19	4.1	−0.1

数据来源：After M. Ellwood, in International Association of Time Use Researchers Annual Conference, Halifax, Canada, 2005.

在调查中,管理者被问及他们愿意花费多少时间在计划上,进而监测他们实际上真正花费了多少时间。监测显示,他们实际在长期计划活动中花费的时间比自己预计的要多。在这项调查中,被监测的管理者们在长期性计划活动中每周平均花费 3.7 小时,但是在理想情况下

---

① After M. Ellwood, in International Association of Time Use Researchers Annual Conference, Halifax, Canada, 2005.

他们只愿意花费 2.4 小时。而更高级别的管理者会在长远计划上花费更多的时间，例如，总裁每周花费 5 小时于此项工作。

20.3　小结

我们可以从文献中看到，总体趋势是，更多的高级管理者在计划上花费更多的时间。对这些资料的分析引出了一个问题——高级管理者是因为他们所处的职位所以需要做更多计划方面的工作，还是因为那些管理者在计划工作上花费更多的时间从而更有希望成为高级管理者呢？卡罗尔和吉伦认为是后者[①]。目前，文献上还不能明确给出管理者需要在计划工作中应该付出多大努力的建议。不过，我们仍然可以得到以下结论：

虽然，还不能断定计划就是管理者成功的重要因素之一；但我们发现，管理者的职位越高，在计划活动中花费的时间也会越多。

---

① Carroll, S. J. and Gillen, D. J. (1987). Are the classical management functions useful in describing managerial work? Academy of Management Review 12(1)：38-51.

第 21 章 | 新研究——计划与管理者成功

在我的生命中我一次又一次地失败,这就是我为什么成功的原因。

——迈克尔·乔丹(知名 NBA 球员)

作为本书最后的调查研究,笔者把关注的重点放在项目经理的计划工作习惯与其成功的关系上,探讨其间是否存在某些必然的联系。为便于对项目经理的个人计划工作习惯进行分析,笔者制定了以下两项指数:

$$个人计划指数 = \frac{用于计划自己本职工作的小时数}{每周工作总小时数}$$

$$个人项目计划指数 = \frac{用于项目计划相关工作的小时数}{每周工作总小时数}$$

这些指数用来测定一个项目经理在计划他或她自己的本职工作上花费的时间和在计划项目工作上花费时间的比值。这些比值用于衡量计划习惯和个人成功。

21.1 个人计划习惯

在笔者收集的个人资料中,通过人工复核发现了一些异常值。个人计划指数被用以排除异常样本。假设每个人都必须花费大于 0 的时间去计划他们的工作,据此,如出现个人计划指数低于 0.01 的情况,该样本就会被剔除。去除异常样本之后,我们得到了 668 份有效问卷。

21.2 计划与工作职位

表 21.1 给出了按工作职位测算的计划相关指标的均值,旨在发现

个人计划指数与工作职位之间是否有一定的相关性。可以看到，个人计划指数的分析结果显示 p 值为 0.961，说明该数据与工作职位未出现统计学上的显著性关系。不过，项目计划时间和工作职位之间存在明显的关系。

　　调查对象报告他们平均每周花费 13.5% 的时间用于计划工作。这个数据处于曼金斯与埃尔伍德的结果之间[1][2]，这两位学者得出的管理者计划工作时间占其全部工作时间的比例分别为 15% 和 8%。本例中每星期用于计划工作的平均时间为 6.3 小时，同样与埃尔伍德关于管理者每周花费 4.7～14.8 小时用于计划的调查结果相吻合。有趣的是，对投入大约 15% 的时间用于计划工作的项目而言，其计划工作绝对投入的时间很接近上述数字，见表 21.1。

　　分析中较差的 p 值或许是由于实际关系是非线性的。并且，取自研究文献中的工作职位也可能不是序数性质的。例如，一名高级管理者是否就比一名高级项目经理的资历更高，或许这在各类组织和产业之间有着不同的情况。如果回顾一下均值图，我们就可以发现这之间的关系明显是非线性的，并由此得知线性回归分析可能不显现出明确关系的原因。

表 21.1　　不同工作职位的平均计划工作指数

工作职位	每周计划本职工作的小时数	个人计划指数	每周用于计划项目相关工作的小时数	个人项目计划指数	调查人数
项目团队成员	5.96	0.14	8.69	0.19	52
项目协调员	6.08	0.14	12.07	0.27	60
项目经理	6.25	0.14	14.06	0.31	284
高级项目经理	6.29	0.13	14.26	0.29	138
项目集经理	6.56	0.13	15.39	0.31	70
高级项目集经理/项目组合经理	5.86	0.12	14.05	0.28	21

① Mankins, M. (2004). Stop wasting valuable time. Harvard Business Review 82(9): 58-65.

② Ellwood, M. (2005). Time priorities for top managers. In International Association of Time Use Researchers Annual Conference, Halifax, Canada.

续表

工作职位	每周计划本职工作的小时数	个人计划指数	每周用于计划项目相关工作的小时数	个人项目计划指数	调查人数
高级管理者	7.43	0.15	11.97	0.24	35
高管群体	6.77	0.13	13.00	0.25	13
总体水平	6.31	0.14	13.52	0.29	673
$p(F)$	0.856	0.961	0.004	0.001	

　　根据项目团队成员与协调员的报告得出的个人计划指数似乎有些特别,该指数高于除高级管理者与项目经理之外的大多数管理者(图 21.1)。这个结果与明茨伯格及科特尔的研究成果相呼应[1][2]——高级管理者通常是尽力应对各种事件而不只是作形式上的计划。因此,初级项目主管在计划方面做得更多,而高级项目经理则花费更多的时间为他的团队解决问题并清除障碍。当一名管理者达到高级管理层时,计划工作

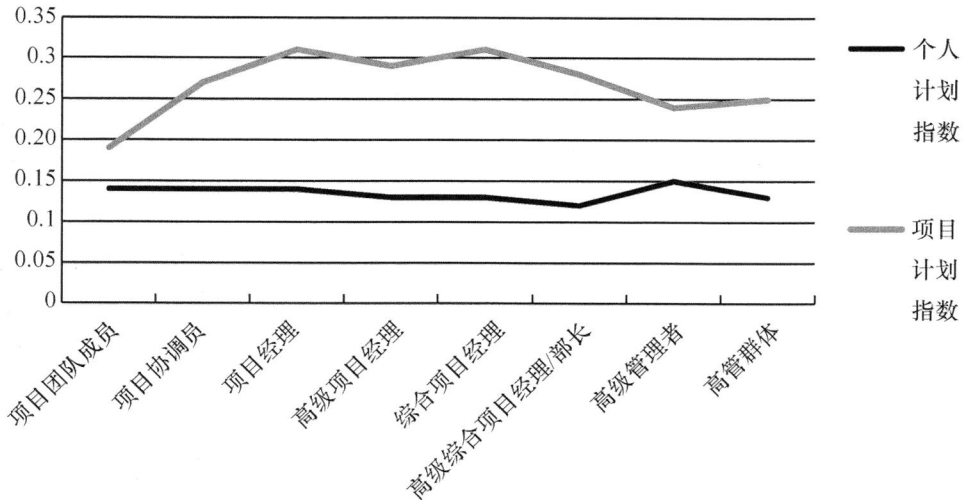

图 21.1　不同工作职位计划指数的对比

　　① Mintzberg, H. (1975). The manager's job: Folklore and fact. Harvard Business Review 53(4): 49-61.

　　② Kotter, J. P. (1999). What effective general managers really do. Harvard Business Review 60(6): 3-12.

或将再次变得非常重要,高管群体会在计划工作时间上有相应的需求①。

　　与以上流程类似,使用非线性回归对上述项目计划工作数据进行了分析。其分析的结果并没有证实存在任何相关性,如图 21.2 所示。该图表中并未出现一条清晰的曲线,而且进一步的分析并未发现个人计划指数与资历之间存在统计学上的显著性关系。事实上,最佳拟合曲线看起来是一条直线,这显示个人计划工作时间和资历之间几乎没有相关性。从项目协调员到首席执行官,不同资历的管理者大概平均花费 13.5％的时间用于计划。

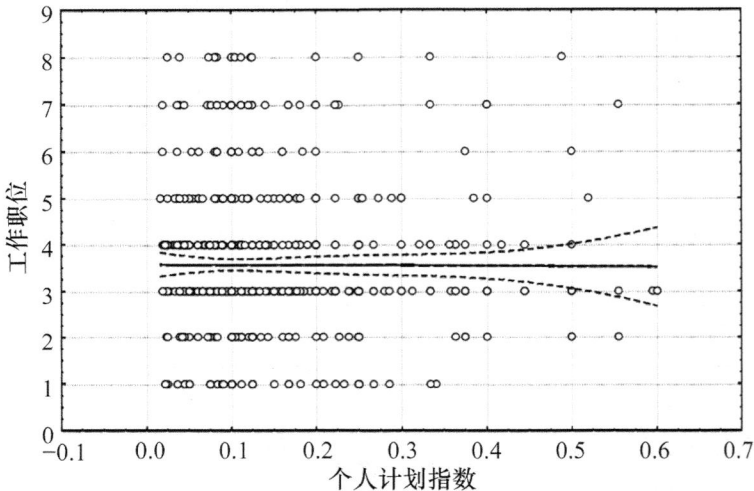

图 21.2　工作职位与个人计划指数散点图

工作职位$=3.569-0.0164x-0.1176x^2$;95％置信区间

　　当然,资历及职业生涯发展不仅仅受计划工作习惯的影响。笔者曾经接受过一家正在施行一系列减员增效措施公司的咨询。他们发起了一项新的大型项目,并且需要寻找一名高级项目经理。作为一名顾问,笔者知道工作是临时性的,所以在某种程度上可以置身于世外。最终,他们选择了这样一名雇员,她在原岗位是位称职并且优秀的项目经理,但据笔者看来相对于这个职位来说她的资历还是太浅了。笔者确

　　① Kotter, J. P. (1999). What effective general managers really do. Harvard Business Review 60(6): 3-12.

信,像其他看到这个职位的人一样,她认为这是一个事业提升的极佳机会。然而,就某种程度而言,笔者对结果的预期并不乐观。该项目复杂并且高风险甚至已经呈现出一些不可避免的问题。并不是说这些问题是由于她的过错或者说她的工作表现很糟糕。这是由该项目的性质所决定的。即使这样,当下一轮的裁员政策宣布时,她的名字已经在名单上了。大家可能会对她的职业生涯发展计划提出质疑,认为她没有为这个职位的风险做出力所能及的最优计划。

21.3 延展分析

笔者进行了一些额外的探索研究,试图结合调查中的一些问题制定出个人成功的衡量方法,包括:使用了其他调节变量的分析以及使用了 log 函数和三次乃至更高次变换的非线性分析。然而,结果显示 R 值和 p 值均不理想,不具有显著性意义。

接下来,笔者着重研究了计划工作所花费的小时数,而不是其比率(图 21.3)。计划工作所用小时数的曲线图显示,高级管理者和首席执

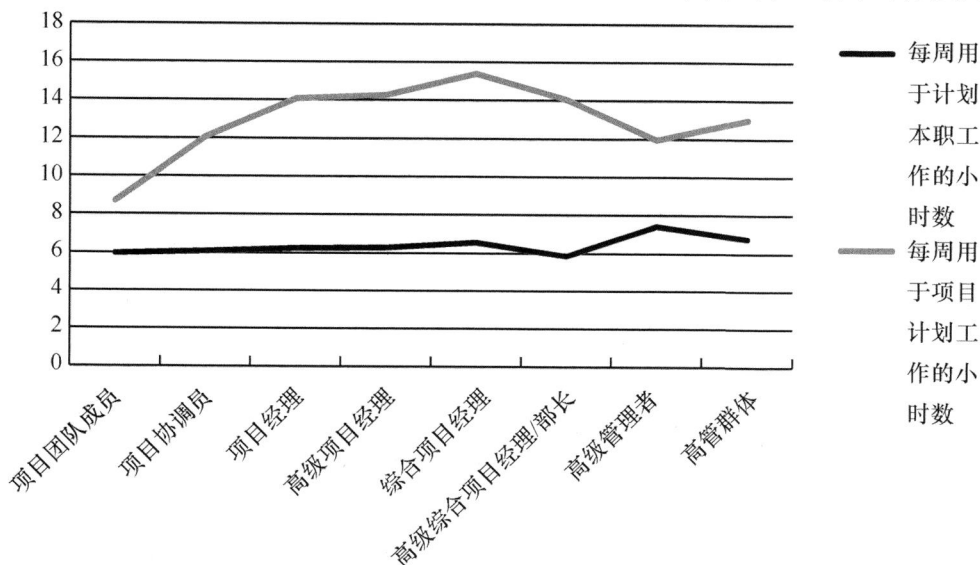

图 21.3 不同工作职位人员每周用于计划工作的小时数

行官(CEO)在计划工作上花费更多的时间。然而,高级管理者同样要花费较多的时间在所有的工作上。所以,他们的比率指标相对较低。

21.4 管理者的项目计划工作时间

同样,我们可以对个人项目计划指数与工作职位之间的关系进行分析,见图 21.4。虽然,方差分析(ANOVA)结果表明二者之间存在关系,但是二分类变量分析并未得出相同结果。对于项目计划来说,项目计划和项目成功之间存在清晰且显著的关系,然而,即使在较大数据集的分析中,也看不到计划工作与个人事业成功之间的关系。仅有一个大型的高度可变的数据集还不能确保可以发现其中的关系。

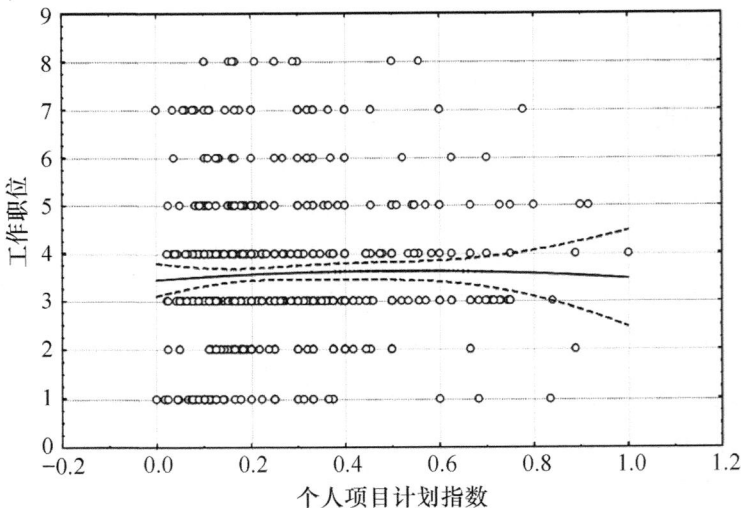

图 21.4 工作职位与个人项目计划指数散点图

工作职位$=3.4411+0.718x-0.6906x^2$;95%置信区间

于是,我对回归分析进行了更进一步的研究。一般认为,常规回归分析不适用于分析序数性因变量。因此,笔者在对这些案例的分析中选用了逻辑回归(logit regression)[1]。

---

① Cooper, D. and Schindler, P. (2008). Business Research Methods. New York: Irwin/ McGraw-Hill.

如果通过逻辑回归观察其他的因素及其与工作职位的关系，可以得出表 21.2 中的结果。经验年资和教育水平都与工作职位存在关联。像逻辑回归预期的一样相关指标确实会影响调查对象的职位。这并不令人惊讶——拥有更丰富资历和更高教育水平的人往往会得到更高的职位。

表 21.2　人口统计学指标与工作职位间的逻辑回归分析

工作职位——全部效应的检验	
指标	p 值
年龄	0.128
经验年资	0.000
性别	0.227
获得认证数量	0.954
最高教育水平	0.007

21.5　经验与项目成功

穆勒与特纳的研究发现[①]，项目经理的能力对项目成功有一定影响。而提格与库克·戴维斯的研究则将项目经理的经验与能力联系起来[②]。笔者在调查中没有对项目经理的能力进行研究，但是观察经验和项目成功之间的关系或许是一件有意义的事。让我们简要地对这方面进行调查，首先研究一下项目成功指标与项目经理特质的相关性，见表 21.3。

---

① Müller, R. and Turner, J. R. (2007). Matching the project manager's leadership style to project type. International Journal of Project Management 25(1): 21-32.

② Teague, J. A. and Cooke-Davies, T. J. (2007). Developing organizational capability: Pointers and pitfalls. In Proceedings PMI Global Congress 2007-EMEA, Budapest, Hungary.

表 21.3　对"较成功项目"进行人口统计学变量与项目成功指标的相关性分析

相关性

在显著性水平达到 $p<0.050$ 时标注相关性，$N=593$

	工作职位	年龄	经验年资	获得认证数量	个人计划指数	个人项目计划指数
项目成功率	0.09[a]	0.12[a]	0.14[a]	−0.01	−0.09[a]	−0.00
效率指标	0.06	0.10[a]	0.14[a]	0.03	−0.06	0.04
成功指标	0.07	0.11[a]	0.11[a]	−0.01	−0.08	0.04

a. $p<0.05$。

　　与提格和库克·戴维斯的研究结果一致[1]，经验年资显然与项目成功关系最为密切，年龄同样与项目成功显著相关。年龄和经验年资存在相关性是符合逻辑的假设，其相关性系数计算结果为 0.67，p 值小于 0.05。菲尔德认为，预测指标之间的相关系数应该小于 0.8[2]。此例中年龄与项目管理经验年资之间的相关系数是 0.67，低于但已十分接近菲尔德确定的阈值水平，有必要探讨是否应将它们分开处置。

　　另一项与项目成功显著相关的指标是个人计划指数。但这个相关性是反向的，这意味着一名项目经理花费太多的时间用于计划其个人的事务并不利于项目成功。然而，此分析的实施范围仅限于调查对象报告的第 1 组项目（比较成功的项目）。

　　再者，职业生涯成功与项目成功或许并不是始终相关。记得有一位项目经理在一个极具挑战性的工作环境中任职。他拥有高超的政治手腕，他所管理的一个项目因故需要重整财务报表。这个项目出现的错误导致需要给客户重发 20000 份财务报表，而且是两次。即使是这样他还是设法保住了他的职位和工作，而其他没有出现这么大纰漏的项目经理却被解雇了。这让人很难不承认政治手腕对项目经理的成功非常重要。

　　现在，如果对成功和不太成功的所有调查项目进行完整分析，结果

---

　　①　Teague, J. A. and Cooke-Davies, T. J. (2007). Developing organizational capability: Pointers and pitfalls. In Proceedings PMI Global Congress 2007-EMEA, Budapest, Hungary.

　　②　Field, A. (2009). Discovering Statistics Using SPSS. London: Sage.

就会有些许不同,如表 21.4 所示。纵观所有项目,经验年资与年龄之间仍然存在关联,但与计划习惯并无联系。不过,要知道对于调查对象来说这些项目并非等量齐观,其中有的项目成功,有的不成功。可能一个调查对象的 10 个项目中或许有 9 个是成功的,但是对他们调查的恰巧是不成功的那一个项目,而不是他们项目的平均水平。然而,事实上经验年资仍然与成功相关联,表明它是影响成功的一个因素。这意味着,经验更为丰富的项目经理能够交付更成功的"好项目"和不算太失败的"坏项目",同样这并不意外。

表 21.4　所有项目的人口统计学变量与项目成功指标的相关性分析

相关性

在显著性水平达到 $p < 0.050$ 时标注相关性,$N = 1112$

	工作职位	年龄	经验年资	获得认证数量	最高教育水平	每周工作小时数	每周计划本职工作小时数	个人计划指数	项目相关计划时间	个人项目计划指数
项目成功率	0.01	0.07[a]	0.09[a]	−0.06	−0.06[a]	0.03	0.03	0.00	−0.01	−0.05
效率指数	−0.01	0.07[a]	0.08[a]	−0.00	−0.01	0.00	0.02	0.01	−0.00	−0.01
成功指数	−0.01	0.07[a]	0.07[a]	−0.05	−0.04	0.01	0.01	0.01	−0.03	−0.04

a.　$p < 0.05$。

但基于全部分析结果:

还不能确认个人计划时间与资历或个人成功存在关系。

21.6　小结

关于个人计划时间几乎没有什么建议可以给管理者参考。如明茨伯格与科特尔指出[1][2],个人计划工作的时间或许不是管理者成功的关

① Mintzberg, H. (1975). The manager's job: Folklore and fact. Harvard Business Review 53(4): 49-61.

② Kotter, J. P. (1999). What effective general managers really do. Harvard Business Review 60(6): 3-12.

键。然而，同时也没有迹象表明较少做计划的管理者更成功。卡罗尔和吉伦指出①，计划对管理者的成功可能还是具有一定的重要性。或许就像在项目计划中质量远比数量（在此案例中或用计划工作的时间表示）更重要。该研究没有对管理者计划成果的质量进行评估，这或许是未来研究中的一个潜在领域。可以得出的结论是——不同级别的管理者花费在个人计划工作上的时间占其总工作时间的 15％左右。

然而，就像明茨伯格建议的那样②，通过该项研究与文献回顾，项目经理可以得知，额外的计划工作或许不像持续监测和采取行动那样，能对管理者的成功发挥重要作用。或许正如卢森斯与克劳福德所说的那样③④，培养项目经理与高级管理者之间的沟通能力也很重要。

---

　　① Carroll, S. J. and Gillen, D. J. (1987). Are the classical management functions useful in describing managerial work? Academy of Management Review 12(1): 38-51.

　　② Mintzberg, H. (1975). The manager's job: Folklore and fact. Harvard Business Review 53(4): 49-61.

　　③ Luthans, F. (1988). Successful vs. effective real managers. The Academy of Management Executive (1987) 2(2): 127-132.

　　④ Crawford, L. (2000). Profiling the competent project manager. In Project Management Research at the Turn of the Millennium: Proceedings of PMI Research Conference, June 21-24, Paris (pp. 3-15).

第 22 章 | 结 论

没有准备的人，就是在准备失败。

——本杰明·富兰克林（美国政治家）

在本章有许多需要整理的内容。让我们回顾一下引言中提到的内容——项目就像生活中的许多事一样，需要周详的前期计划。但仅凭好的计划并不能保证故事的完美结局，在执行阶段的伸缩性同样很重要。敏捷性和迭代性的方法明显有助于项目的成功。就像划独木舟，你需要足够灵活的应对挑战并且善于把握机遇。

本书的研究确认了计划工作与项目成功之间的相关性。初步研究结果是计划所占总工作量的比例与项目成功之间存在二次函数关系。该关系具有较低的 p 值，证明具有统计显著性；但同时决定系数 R^2 值偏低，证明其相关性相对较弱。在完成调节变量分析之后，笔者推导出该相关性的决定系数 R^2 值为 0.15。在项目管理研究中，管理因素达到此种相关水平即值得关注。项目常常是庞杂的工作，其中任何一个因素对成功的影响占到 15% 都应视为重要因素。

迭代性方法与成功之间同样具有明确的联系。如果你从未在项目中试用过迭代性或敏捷性方法，或许应该像那些看起来更成功的管理者那样，在项目中使用更多的敏捷性或迭代性方法。在分析调节变量之后得到的决定系数 R^2 值为 0.17，这种相关性显示以上方法对于项目成功同样有重要影响。

我们还认识到，计划工作会过犹不及，过度的计划常与不成功的项目联系在一起。不过这一现象可能是因为项目团队难以应对项目内部的固有挑战。无论计划工作过少还是过多，管理层都应对其进行检讨。

我们也发现，计划工作占全部工作的最优投入比例为 25%。对于这一点需要谨慎采纳,因为项目差异巨大,没有完全相同的两个项目。不过,这仍不失为一种优良的准则,也是据笔者研究所得出的最优数据。

此外我们还发现个人计划习惯或许不是管理者成功的关键因素。与高级管理层的沟通、对管理问题作出快速反应以及在项目中表现积极活跃看起来对管理者的成功更为重要。管理者在深思熟虑与计划工作上所花费时间的多少与他们职业生涯成功的程度并不相关。对致力于发展其职业生涯的管理者来说,计划自己的时间或许不是主要关注点。

经验丰富的项目经理在其过去的一些项目中,或许能够发现某种迹象来判断哪里进展顺利或者哪里出现问题。

笔者希望此书可以从长远角度提供一些对于读者有价值的信息。希望读者能从本书中得到启示从而帮助改善具体项目的管理,更加期待本书能够帮助读者推动自身职业生涯的前进。

核 对 表

核对表 1　计划阶段的工作

编号	工作内容	必要性（是/否）	落实到位（是/否）	备注
1	项目建议书			
2	可行性研究			
2.1	成本/效益分析			
2.2	关键成功因素			
3	资助申请			
4	项目章程			
5	利益相关者分析			
5.1	利益相关者管理计划			
6	项目沟通计划			
7	治理模式			
7.1	指导委员会组成			
8	人员编制与组织计划			
9	项目计划			
9.1	评估			
9.2	任务列表或工作分解结构			
10	风险管理计划			
10.1	风险日志			
11	项目管理标准及流程			
11.1	项目状态报告构成及流程			
12	依赖性分析			

续表

编号	工作内容	必要性(是/否)	落实到位(是/否)	备注
13	变更管理计划			
13.1	变更管理日志			
14	发布/操作/决策日志			
15	文件保管计划			
16	需求规范			
16.1	使用案例			
16.2	差距分析			
16.3	跟踪矩阵			
17	采购计划			
18	外包/供应商管理计划			
18.1	RFP(征询建议书)			
19	测试策略			
20	质量保证计划			
21	生产部署策略			
22	产品支持策略			

核对表 2　计划阶段的问卷调查

编号	问题	适用性(是/否)	回答
	执行问题		
1	这与战略计划的关系如何?		
2	这对我们竞争地位的影响如何?		
3	谁对项目的成功负责?		
4	截止日期是否有强制性(即法定的)?		
5	指导委员会是否实施对项目的监督?		
	利益相关者		
6	范围、目标、成本、效益和影响是否已传达给所有的利益相关者和工作组?		
7	利益相关者和工作组是否全力支持项目?		

编号	问题	适用性(是/否)	回答
	项目评估		
8	是否使用综合评估方法？		
9	是否进行了实际结果与评估结果的对比,以便分析并纠正偏差？		
10	是否掌握、分析和应用了软件测量方法,并将其作为其他项目评估的基础？		
11	项目团队成员是否有参与详细的评估和计划？		
12	利益相关者是否了解并支持现代软件评估的原理和实践？		
	计划		
13	管理工作是否提供足够的资源以确保项目成功？		
14	单个任务的时间是否合理(8~40小时)？		
15	受影响的团体和个人是否都已同意变更交付承诺？		
16	项目计划和追踪中是否采用了业界公认的辅助工具？		
17	内部项目状态会议举行的时间间隔是否合理？		
18	执行子项目审查的时间间隔是否合理？		
19	跨项目边界(即其他小组或部门)的项目协调和状态报告所用的适当程序是否已到位？		
20	报告类型、上报人员及时间的情况如何？		
	风险管理		
21	监控项目风险的流程是否已到位？		
22	项目期间是否有定期检查风险？		
23	所有悬而未决的风险是否已记录在案？		
24	所有未实施的风险战略是否已添加进问题日志？		
	质量保证		
25	是否制定了涵盖所有政策、指导方针和程序的质量计划？		
26	质量保证审查结果是否已提交给受影响的群体和个人？		
27	是否已为质量保证工作提供了足够的资源？		
28	是否界定了质量评价标准？		

编号	问题	适用性(是/否)	回答
29	是否有一整套程序来掌握、分析并作用于质量测量?		
	供应商管理		
30	是否有一套正式的程序(状态报告、合同谈判及审查、时间/发票对账等)用于支持供应商管理?		
	问题管理		
31	是否有一套正式的程序用于支持问题管理?		
	资源分配		
32	是否制定了通过咨询获得专门知识或能力的方案?		
33	具备必要技能和能力的人员是否已经确定?其项目参与协议是否符合相应的管理要求?		
34	是否有项目组织结构图?		
35	是否已建立适当的项目工作区,以便团队共同工作?		
36	详细的工作计划是否与任务的复杂性及人员的能力匹配?		
37	是否已制定休假、节假日、培训和人员离职津贴?		
38	是否已提供足够的时间,以便项目工作人员完成定位和培训?		
39	对不具备所需专业知识项目人员,是否提供了学习培训的经费?		
40	项目负责人是否已将全部时间投入项目工作?		
41	项目团队成员是否已将全部时间投入工作?		
42	是否已向生产保障工作提供了充分的资源?		
	最终用户		
43	最终用户的参与是否足够?		
44	相关部门是否制定了服务级别协议(SLA)?		
45	是否有针对本地用户的项目团队成员?是否有机会见面?		
46	是否对用户进行了充分培训,是否了解全部培训要求?		
	生产与运营支持		
47	是否制定了充分的运作程序?		

编号	问题	适用性（是/否）	回答
48	是否明确界定了生产支持功能？		
49	是否计划实施以下维护类型： a. 完善性维护；b. 预防性维护；c. 适应性维护		
50	服务级别协议在保障工作和用户部门之间是否适当？		
51	产品问题解决方案得到以下哪些方面的支持： a. 正规流程；b. 优先处理；c. 精确的时间和成本评估； d. 报告		
52	是否有适当的改进计划？		
53	帮助支持工作是否已妥善定义、有效执行并分配了充分的 资源？		
54	团队士气如何，是否精神奋发？		

参 考 文 献

Andersen, E. S. (1996). Warning: Activity planning is hazardous to your project's health. *International Journal of Project Management* 2(14): 89-94.

Association for Project Management (2007). *APM Body of Knowledge*. UK: The Association for Project Management. http://www. knowledge. apm. org. uk/bok-splash.

Aubry, M. , Hobbs, B. , and Thuillier, D. (2008). Organisational project management: An historical approach to the study of PMOs. *International Journal of Project Management* 26 (1): 38-43.

Bachy, G. and Hameri, A.-P. (1997). What to be implemented at the early stage of a large-scale project. *International Journal of Project Management* 15(4): 211-218.

Bart, C. (1993). Controlling new product R&D projects. *R&D Management* 23(3): 187-198.

Besner, C. and Hobbs, B. (2006). The perceived value and potential contribution of project management practices to project success. *Project Management Journal* 37(3): 37-48.

Besner, C. and Hobbs, B. (2011). Contextualised project management practice: A cluster analysis of practices and best practices. In *10th IRNOP Research Conference*, *Montreal Canada*.

Beyer, W. (1987). *CRC Standard Mathematical Tables*. Boca Raton, FL: CRC Press.

Blackburn, S. (2005). *The Oxford Dictionary of Philosophy*. New York: Oxford University Press.

Blomquist, T. , Hällgren, M. , Nilsson, A. , and Söderholm, A. (2010). Project-as-practice: In search of project management research that matters. *Project Management Journal* 41(1): 5-16.

Boehm, B. (1996). Anchoring the software process. *IEEE Software* 13(4): 73-82.

Boehm, B. (2002). Get ready for agile methods, with care. *Computer* 35(1): 64-69.

Boehm, B. and Turner, R. (2003). Observations on balancing discipline and agility. In *Proceedings of the Conference on Agile Development*, vol. 25-28, pp. 32-39.

Boynton, A. C. and Zmud, R. W. (1984). An assessment of critical success factors. *Sloan Management Review* 25(4): 17-27.

Brennan, K. (2009). *A Guide to the Business Analysis Body of Knowledge* (*BABOK®* *Guide*). Marietta, GA: International Institute of Business Analysis.

Brown, I. T. J. (2004). Testing and extending theory in strategic information systems planning through literature analysis. *Information Resources Management Journal* 17(4): 20-48.

Brunnermeier, M. K. , Papakonstantinou, F. , and Parker, J. A. (2008). *An economic model of the planning fallacy* (Working Paper 14228). National Bureau of Economic Research, Cambridge.

Buehler, R. , Griffin, D. , and Ross, M. (1994). Exploring the planning fallacy: Why people underestimate their task completion times. *Journal of Personality and Social Psychology* 67 (3): 366-381.

Carroll, S. J. and Gillen, D. J. (1984). The classical management functions: Are they really outdated? In *Academy of Management Proceedings* (00650668) (pp. 132-136).

Carroll, S. J. and Gillen, D. J. (1987). Are the classical management functions useful in describing managerial work? *Academy of Management Review* 12(1): 38-51.

Catersels, R. , Helms, R. W. , and Batenburg, R. S. (2010). Exploring the gap between the practical and theoretical world of ERP implementations: Results of a global survey. In *Proceedings of IV IFIP International Conference on Research and Practical Issues of Enterprise Information Systems*.

Cerpa, N. and Verner, J. M. (2009). Why did your project fail? *Communications of the ACM* 52(12): 130-134.

Ceschi, M. , Sillitti, A. , Succi, G. , and De Panfilis, S. (2005). Project management in plan-based and agile companies. *IEEE Software* 22(3): 21-27.

Chatzoglou, P. and Macaulay, L. A. (1996). Requirements capture and IS methodologies. *Information Systems Journal* 6(3): 209-225.

Choma, A. A. and Bhat, S. (2010). Success vs failure: What is the difference between the best and worst projects? In *Proceedings PMI Global Congress* 2010, Washington, DC.

Christenson, D. and Walker, D. (2008). Using vision as a critical success element in project management. *International Journal of Managing Projects in Business* 1(4): 611-622.

Churchill Jr, G. (1979). A paradigm for developing better measures of marketing constructs. *Journal of Marketing Research* , 64-73.

Cleland, D. I. and Gareis, R. (2006). *Global Project Management Handbook: Planning, Organizing and Controlling International Projects*. New York: McGraw-Hill.

Cleland, D. I. and Ireland, L. R. (2008). *Project Managers Handbook: Applying Best Practices Across Global Industries*. New York: McGraw-Hill.

Cohen, J. (1994). The earth is round ($p <$ .05). *American Psychologist* 49(12): 997.

Collyer, S. and Warren, C. M. (2009). Project management approaches for dynamic environments. *International Journal of Project Management* 27(4): 355-364.

Collyer, S. , Warren, C. , Hemsley, B. , and Stevens, C. (2010). Aim, fire, aim—Project planning styles in dynamic environments. *Project Management Journal* 41(4): 108-121.

Conway, J. and Lance, C. (2010). What reviewers should expect from authors regarding common method bias in organizational research. *Journal of Business and Psychology* 25(3): 325-334.

Cooke-Davies, T. J. (2002). The real success factors in projects. *International Journal of Project Management* 20(3): 185-190.

Cooper, D. and Schindler, P. (2008). *Business Research Methods*. New York: Irwin/ McGraw-Hill.

Cooper, R. G., Edgett, S. J., and Kleinschmidt, E. J. (2004). Benchmarking best NPD practices - 1. *Research-Technology Management* 47(1): 31-43.

Coram, M. and Bohner, S. (2005). The impact of agile methods on software project management. In *Proceedings of the 12th IEEE International Conference and Workshops on Engineering of Computer-Based Systems* (pp. 363-370).

Covey, S. (2004). *Seven Habits of Highly Effective People*. New York: Free Press.

Crawford, L. (2000). Profiling the competent project manager. In *Project Management Research at the Turn of the Millennium: Proceedings of PMI Research Conference*, June 21-24, Paris (pp. 3-15).

Crawford, L. (2005). Senior management perceptions of project management competence. *International Journal of Project Management* 23(1): 7-16.

Crawford, L., Pollack, J., and England, D. (2006). Uncovering the trends in project management: Journal emphases over the last 10 years. *International Journal of Project Management* 24(2): 175-184.

Crawford, L. H., Hobbs, J. B., and Turner, J. R. (2004). Project categorization systems and their use in organisations: an empirical study. In *Proceedings of PMI Research Conference*, July, London.

Daly, E. B. (1977). Management of software development. *IEEE Transactions on Software Engineering* 3: 229-242.

De Vaus, D. (2002). *Analyzing Social Science Data-50 Key Problems in Data Analysis*. London: Sage.

Deephouse, C., Mukhopadhyay, T., Goldenson, D. R., and Kellner, M. I. (1995). Software processes and project performance. *Journal of Management Information Systems* 12(3): 187-205.

Denscombe, M. (2007). *The Good Research Guide: For Small-Scale Social Research Projects*. Maidenhead, UK: Open University Press.

Dulewicz, V. and Higgs, M. (2005). Assessing leadership styles and organisational context. *Journal of Managerial Psychology* 20(2): 105-123.

Dvir, D. and Lechler, T. (2004). Plans are nothing, changing plans is everything: The impact of changes on project success. *Research Policy* 33(1): 1-15.

Dvir, D., Raz, T., and Shenhar, A. (2003). An empirical analysis of the relationship between project planning and project success. *International Journal of Project Management* 21(2):

89-95.

Dybå, T. and Dingsøyr, T. (2008). Empirical studies of agile software development: A systematic review. *Information and Software Technology* 50(9): 833-859.

Eisenhardt, K. (1989). Making fast strategic decisions in high-velocity environments. *Academy of Management Journal* 32(3): 543-576.

Ellwood, M. (2005). Time priorities for top managers. In *International Association of Time Use Researchers Annual Conference*, Halifax, Canada.

Ewusi-Mensah, K. (1997). Critical issues in abandoned information systems development projects. *Communications of the ACM* 40(9): 74-80.

Faniran, O. O. , Oluwoye, J. O. , and Lenard, D. J. (1998). Interactions between construction planning and influence factors. *Journal of Construction Engineering & Management* 124(4): 245.

Fellows, R. and Liu, A. (2003). *Research Methods for Construction*. Oxford and Malden, MA: Blackwell Science.

Field, A. (2009). *Discovering Statistics Using SPSS*. London: Sage.

Fischhoff, B. (1991). Value elicitation: Is there anything in there? *American Psychologist* 46(8): 835-847.

Fitzgerald, B. (1996). Formalized systems development methodologies: A critical perspective. *Information Systems Journal* 6(1): 3-23.

Flyvbjerg, B. , Holm, M. S. , and Buhl, S. (2002). Underestimating costs in public works projects: Error or lie? *Journal of the American Planning Association* 68(3): 279-295.

Furuyama, T. , Arai, Y. , and Lio, K. (1993). Fault generation model and mental stress effect analysis. In *Proceedings of the Second International Conference on Achieving Quality in Software*, October 18-20, Venice, Italy.

Gantt, H. (1910). *Work, Wages and Profit, published by The Engineering Magazine, New York*, 1910; *republished as Work, Wages and Profits*, Easton, PA: Hive, 1974.

Gibson, E. and Dumont, P. (1995). *Project Definition Rating Index (PDRI) for Industrial Projects*; *CII Research Report* 113-11. Austin, TX: The Construction Industry Institute.

Gibson, E. and Gebken, R. (2003). Design quality in pre-project planning: Applications of the project definition rating index. *Building Research and Information* 31(5): 346-356.

Gibson, E. and Pappas, M. P. (2003). *Starting Smart: Key Practices for Developing Scopes of Work for Facility Projects*. Washington, DC: National Academies Press.

Gibson, G. , Wang, Y. , Cho, C. , and Pappas, M. (2006). What is pre-project planning, anyway? *Journal of Management in Engineering* 22(1): 35-42.

Goetz, B. E. (1949). *Management Planning and Control: A Managerial Approach to Industrial Accounting*. New York: McGraw-Hill.

Gopal, A., Mukhopadhyay, T., and Krishnan, M. S. (2002). The role of software processes and communication in offshore software development. *Communications of the ACM* 45(4): 193-200.

Gulick, L. H. (1936). *Notes on the Theory of Organization*. Gulick, L. and Urwick, L. (eds), Papers on the Science of Administration. New York Institute of Public Administration.

Hällgren, M. and Maaninen-Olsson, E. (2005). Deviations, ambiguity and uncertainty in a project-intensive organization. *Project Management Journal* 36(3): 17-26.

Hamilton, M. R. and Gibson, G. E. J. (1996). Benchmarking preproject-planning effort. *Journal of Management in Engineering* 12(2): 25-33.

Howell, D. (2007). *Statistical Methods for Psychology*. Belmont, CA: Thomson Wadsworth.

Hubbard, R. and Lindsay, R. M. (2008). Why p values are not a useful measure of evidence in statistical significance testing. *Theory & Psychology* 18(1): 69-88.

Hwang, M., Windsor, J., and Pryor, A. (2000). Building a knowledge base for MIS research: A meta-analysis of a systems success model. *Information Resources Management Journal* 13(2): 26-32.

ISO (2003). 10006: 2003. *Quality management systems. Guidelines for quality management in projects*. British Standards Institution, London UK (Technical report, British Standards Institution, London UK).

Jiang, J. J., Klein, G., and Chen, H.-G. (2001). The relative influence of is project implementation policies and project leadership on eventual outcomes. *Project Management Journal* 32(3): 49-55.

Johnson, J., Boucher, K., and Connors, K. (2001). Collaborating on project success. *Software Magazine* 7(2): 1-9.

Jones, C. (1986). *Programming Productivity*. New York: McGraw-Hill.

Jorgensen, M. and Boehm, B. (2009). Software development effort estimation: Formal models or expert judgment? *IEEE Software* 26(2): 14-19.

Jorgensen, M. and Grimstad, S. (2011). The impact of irrelevant and misleading information on software development effort estimates: A randomized controlled field experiment. *IEEE Transactions on Software Engineering* 37(5): 695-707.

Jugdev, K. and Müller, R. (2005). A retrospective look at our evolving understanding of project success. *Project Management Journal* 36(4): 19-31.

Kaner, C., Falk, J., and Nguyen, H. Q. (1999). *Testing Computer Software* (2nd ed.). New York: Wiley.

Kapsali, M. (2011). *Relating in Project Networks and Innovation Systems*. Retrieved from http://ssrn.com/abstract=1969395.

Kerzner, H. (2003). *Project Management: A Systems Approach to Planning, Scheduling, and Controlling* (8th ed.). New York: Wiley.

Kerzner, H. (2009). *Project Management: A Systems Approach to Planning, Scheduling, and Controlling*, (10th ed.). New York: Wiley.

King, W. R. (1988). How effective is your information systems planning? *Long Range Planning* 21(5): 103-112.

Kirton, M. (1976). Adaptors and innovators: A description and measure. *Journal of Applied Psychology* 61(5): 622-629.

Kloppenborg, T. J., Manolis, C., and Tesch, D. (2009). Successful project sponsor behaviors during project initiation: An empirical investigation. *Journal of Managerial Issues* 21(1): 140-159.

Koontz, H. (1958). A preliminary statement of principles of planning and control. *The Journal of the Academy of Management* 1(1): 45-61.

Koontz, H. and Weihrich, H. (2006). *Essentials of Management*. New Delhi, India: McGraw-Hill Education (India) Pvt Ltd.

Koskela, J. and Abrahamsson, P. (2004). On-site customer in an XP project: Empirical results from a case study. In T. Dingsøyr (Ed.), *Software Process Improvement*, Vol. 3281 (pp. 1-11). Berlin/Heidelberg: Springer.

Koskela, L. and Howell, G. (2002). The underlying theory of project management is obsolete. *IEEE Engineering Management Review* 36(2): 22-34.

Kotter, J. P. (1999). What effective general managers really do. *Harvard Business Review* 60(6): 3-12.

Lamers, M. (2002). Do you manage a project, or what? A reply to "Do you manage work, deliverables or resources?" *International Journal of Project Management* 20(4): 325-329.

Lindvall, M., Basili, V., Boehm, B., Costa, P., Dangle, K., Shull, F., Tesoriero, R., Williams, L., and Zelkowitz, M. (2002). Empirical findings in agile methods. *Extreme Programming and Agile Methods—XP/Agile Universe* 2002 2418: 81-92.

Love, P. E. D., Edwards, D. J., and Irani, Z. (2008). Forensic project management: An exploratory examination of the causal behavior of design-induced rework. *IEEE Transactions on Engineering Management* 55(2): 234-247.

Luthans, F. (1988). Successful vs. effective real managers. *The Academy of Management Executive* (1987) 2(2): 127-132.

Magazinius, A. and Feldt, R. (2011). Confirming distortional behaviors in software cost estimation practice. In *Proceedings of the 37th EUROMICRO Conference on Software Engineering and Advanced Applications* (SEAA) (pp. 411-418).

Mankins, M. (2004). Stop wasting valuable time. *Harvard Business Review* 82(9): 58-65.

Mann, C. and Maurer, F. (2005). A case study on the impact of scrum on overtime and customer satisfaction. In *Agile Conference*, 2005 *Proceedings* (pp. 70-79).

Marshall, R. A. (2007). *A quantitative study of the contribution of earned value management to project success on external projects under contract*. Unpublished doctoral disseration, ESC Lille, Lille, France.

Martin, N. L., Pearson, J. M., and Furumo, K. A. (2005). IS project management: Size, complexity, practices and the project management office. In *System Sciences*, *2005. HICSS ' 05. Proceedings of the 38th Annual Hawaii International Conference* (p. 234b).

McFarlan, F. W. (1981). Portfolio approach to information systems. . *Harvard Business Review* 59(5): 142-150.

Milosevic, D. and Patanakul, P. (2005). Standardized project management may increase development projects success. *International Journal of Project Management* 23(3): 181-192.

Mintzberg, H. (1975). The manager's job: Folklore and fact. *Harvard Business Review* 53 (4): 49-61.

Mintzberg, H. (1994). *The Rise and Fall of Strategic Planning: Reconceiving Roles for Planning, Plans, Planners*. Englewood Cliffs, NJ: Prentice Hall.

Morris, P. W. G. (1998). Key issues in project management. In J. K. Pinto (Ed.), *Project Management Institute Project Management Handbook*. Newtown Square, PA: Project Management Institute.

Müller, R. and Turner, J. R. (2001). The impact of performance in project management knowledge areas on earned value results in information technology projects. *International Project Management Journal* 7(1): 44-51.

Müller, R. and Turner, J. R. (2007). Matching the project manager's leadership style to project type. *International Journal of Project Management* 25(1): 21-32.

Munns, A. and Bjeirmi, B. (1996). The role of project management in achieving project success.
International Journal of Project Management 14(2): 81-87.

Murray, A., Bennett, N., Bentley, C, (2009). *Managing Successful Projects with Prince2*. London: Stationery Office.

Narins, P. (1999). Get better information from all your questionnaires—13 important tips to help you pretest your surveys. *SPSS Keywords Online*. Retrieved from http://www. uoguelph. ca/htm/MJResearch/ResearchProcess/PretestingTips. htm.

Nobelius, D. and Trygg, L. (2002). Stop chasing the front end process-management of the early phases in product development projects. *International Journal of Project Management* 20 (5): 331-340.

Norman, G. (2010). Likert scales, levels of measurement and the "laws" of statistics. *Advances in Health Sciences Education* 15(5): 625-632.

Nunnally, J. (1978). *Psychometric Theory*. New York: McGraw-Hill.

Olomolaiye, A. (2007). *The impact of human resource management on knowledge management for performance improvements in construction organisations*. Unpublished doctoral disseration, Glasgow Caledonian University, Glasgow, UK.

Olson, B. and Swenson, D. (2011). Overtime effects on project team effectiveness. In *The Midwest Instruction and Computing Symposium*, April, Duluth, MN.

Orpen, C. (1985). The effects of long-range planning on small business performance: A further examination. *Journal of Small Business Management* 23(1): 16-23.

Pankratz, O. and Loebbecke, C. (2011). Project managers' perception of is project success factors—A repertory grid investigation. In *ECIS 2011 Proceedings*, Vol. 170.

Pearsall, J. (1999). *The Concise Oxford Dictionary*. London: Oxford University Press.

Pinto, J. K. and Prescott, J. E. (1988). Variations in critical success factors over the stages in the project life cycle. *Journal of Management* 14(1): 5-18.

Pinto, J. K. and Prescott, J. E. (1990). Planning and tactical factors in the project implementation process. *Journal of Management Studies* 27(3): 305-327.

Pinto, J. K. and Slevin, D. P. (1988). Project success: Definitions and measurement techniques. *Project Management Journal* 19(1): 67-72.

PMI, Project Management Institute. (2013). *A Guide to the Project Management Body of Knowledge* (5th ed.). Newtown Square, PA: Project Management Institute.

Podsakoff, P., MacKenzie, S., Lee, J., and Podsakoff, N. (2003). Common method biases in behavioral research: A critical review of the literature and recommended remedies. *Journal of Applied Psychology* 88(5): 879-903.

Poon, S., Young, R., Irandoost, S., and Land, L. (2011). Re-assessing the importance of necessary or sufficient conditions of critical success factors in it project success: A fuzzy set-theoretic approach. In *ECIS 2011 Proceedings*, Vol. 176.

Posten, R. M. (1985). Preventing software requirements specification errors with IEEE 830. *IEEE Software* 2(1): 83-86.

Prabhakar, G. (2008). What is project success: A literature review. *International Journal of Business and Management* 3(8): 3-10.

Premkumar, G. and King, W. R. (1991). Assessing strategic information systems planning. *Long Range Planning* 24(5): 41-58.

Premkumar, G. and King, W. R. (1992). An empirical assessment of information systems planning and the role of information systems in organizations. *Journal of Management Information Systems* 9(2): 99-125.

Project Management Institute (PMI®) (2013). *A Guide to the Project Management Body of*

Knowledge (*PMBOK* ® *Guide*) (5th ed.). Newtown Square, PA: Project Management Institute. Putnam, L. H. and Myers, W. (1997). How solved is the cost estimation problem? *IEEE Software* 14(6): 105-107.

Reel, J. S. (1999). Critical success factors in software projects. *IEEE Software* 16(3): 18-23.

Roscoe, J. (1975). *Fundamental Research Statistics for the Behavioral Sciences*. New York: Holt, Rinehart and Winston.

Rosenberg, D. and Scott, K. (1999). *Use Case Driven Object Modeling with UML: A Practical Approach*. Reading, MA: Addison-Wesley.

Royall, R. M. (1986). The effect of sample size on the meaning of significance tests. *The American Statistician* 40(4): 313-315.

Salomo, S. , Weise, J. , and Gemünden, H. (2007). NPD planning activities and innovation performance: The mediating role of process management and the moderating effect of product innovativeness. *Journal of Product Innovation Management* 24(4): 285-302.

Schultz, R. L. , Slevin, D. P. , and Pinto, J. K. (1987). Strategy and tactics in a process model of project implementation. *Interfaces* 17(3): 34-46.

Scott-Young, C. and Samson, D. (2008). Project success and project team management: Evidence from capital projects in the process industries. *Journal of Operations Management* 26 (6): 749-766.

Segars, A. H. and Grover, V. (1998). Strategic information systems planning success: An investigation of the construct and its measurement. *MIS Quarterly* 22(2): 139-163.

Serrador, P. (2013). The impact of planning on project success: A literature review. *Journal of Modern Project Management* 1(2): 28-39.

Serrador, P. and Pinto, J. K. (2014, Working Paper). Does Agile Work? A Quantitative Analysis of Project Success.

Serrador, P. and Turner, J R. (2013). The impact of the planning phase on project success. In *Proceedings of IRNOP 2013*, Oslo, Norway.

Serrador, P. and Turner, J. R. (2014). The relationship between project success and project efficiency. *Procedia - Social and Behavioral Sciences* 119: 75-84.

Sessions, R. (2009). *The IT complexity crisis: Danger and opportunity*. ObjectWatch, Inc. Retrieved from http://www. objectwatch. com/whitepapers/ITComplexity WhitePaper. pdf.

Sharma, S. , Durand, R. , and Gur-Arie, O. (1981). Identification and analysis of moderator variables. *Journal of Marketing Research* 18: 291-300.

Shehu, Z. and Akintoye, A. (2009). The critical success factors for effective programme management: A pragmatic approach. *The Built & Human Environment Review* 2: 1-24.

Shenhar, A. J. (2001). One size does not fit all projects: Exploring classical contingency domains. *Management Science* 47(3): 394-414.

Shenhar, A. J. , Dvir, D. , Levy, O. , and Maltz, A. C. (2001). Project success: A multidimensional strategic concept. *Long Range Planning* 34(6): 699-725.

Shenhar, A. J. , Levy, O. , and Dvir, B. (1997). Mapping the dimensions of project success. *Project Management Journal* 28(2): 5-9.

Shenhar, A. J. , Tishler, A. , Dvir, D. , Lipovetsky, S. , and Lechler, T. (2002). Refining the search for project success factors: A multivariate typological approach. *R&D Management* 32 (2): 111-126.

Smits, H. (2006). *5 levels of agile planning: From enterprise product vision to team stand-up*. Rally Software Development Corporation. Retrieved from http://www. rallydev. com/downloads/document/2-five-levels-of-agile-planning-from-enterprise-productvision-to-team-stand-up. html.

Standish Group, The (2011). *CHAOS Manifesto 2011*. The Standish Group. Retrieved from http://standishgroup. com/newsroom/chaos_manifesto_2011. php.

Tabachnick, B. and Fidell, L. (1989). *Using Multivariate Statistics*. New York: Harper and Row.

Tausworthe, R. C. (1980). The work breakdown structure in software project management. *Journal of Systems and Software* 1:181-186.

Teague, J. A. and Cooke-Davies, T. J. (2007). Developing organizational capability: Pointers and pitfalls. In *Proceedings PMI Global Congress 2007-EMEA*, Budapest, Hungary.

Teddlie, C. and Tashakkori, A. (2009). *Foundations of Mixed Methods Research: Integrating Quantitative and Qualitative Approaches in the Social and Behavioral Sciences*. Thousand Oaks, CA: Sage.

Thomas, M. , Jacques, P. H. , Adams, J. R. , and Kihneman-Woote, J. (2008). Developing an effective project:Planning and team building combined. *Project Management Journal* 39(4): 105-113.

Tichy, L. and Bascom, T. (2008). The business end of IT project failure. *Mortgage Banking* 68(6): 28-35.

Trochim, W. (2006). Qualitative measures. *Research Methods Knowledge Base*. http://www. socialresearchmethods. net/kb/qual. php.

Tullett, A. D. (1996). The thinking style of the managers of multiple projects: Implications for problem solving when managing change. *International Journal of Project Management* 14 (5): 281-287.

Turner, J. R. (1999). *The Handbook of Project-Based Management: Improving the Processes for Achieving Strategic Objectives*. London: McGraw-Hill.

Turner, J. R. and Cochrane, R. A. (1993). Goals-and-methods matrix: Coping with projects with ill defined goals and/or methods of achieving them. *International Journal of Project*

Management 11(2)：93-102.

Turner, J. R., Huemann, M., Anbari, F. T., and Bredillet, C. N. (2010). *Perspectives on Projects*. London and New York：Routledge.

Turner, J. R. and Müller, R. (2003). On the nature of the project as a temporary organization. *International Journal of Project Management* 21(1)：1-8.

Turner, J. R. and Müller, R. (2005). The project manager's leadership style as a success factor on projects：A literature review. *Project Management Journal* 36(2)：49-61.

Umble, E. J., Haft, R. R., and Umble, M. (2003). Enterprise resource planning：Implementation procedures and critical success factors. *European Journal of Operational Research* 146 (2)：241-257.

Van Genuchten, M. (1991). Why is software late? An empirical study of reasons for delay in software development. *IEEE Transactions on Software Engineering* 17(6)：582-590.

van Marrewijk, A., Clegg, S. R., Pitsis, T. S., and Veenswijk, M. (2008). Managing public-private megaprojects：Paradoxes, complexity, and project design. *International Journal of Project Management* 26(6)：591-600.

Wang, Y.-R. and Gibson, G. E. (2008). A study of preproject planning and project success using ANN and regression models. In *The 25th International Symposium on Automation and Robotics in Construction*, *ISARC-2008* (pp. 688-696).

White, D. and Fortune, J. (2002). Current practice in project management：An empirical study. *International Journal of Project Management* 20(1)：1-11.

Wideman, M. (2000). *Managing the development of building projects for better results*. Retrieved from www. maxwideman. com.

Wonnacott, T., and Wonnacott, R. (1990). *Introductory Statistics for Business and Economics* (4th ed.). New York：John Wiley & Sons.

Yeo, K. T. (2002). Critical failure factors in information system projects. *International Journal of Project Management* 20(3)：241-246.

Yetton, P., Martin, A., Sharma, R., and Johnston, K. (2000). A model of information systems development project performance. *Information Systems Journal* 10(4)：263-289.

Zwikael, O. (2009). The relative importance of the PMBOK® Guide's nine Knowledge Areas during project planning. *Project Management Journal* 40(4)：94-103.

Zwikael, O. and Globerson, S. (2006). Benchmarking of project planning and success in selected industries. *Benchmarking：An International Journal* 13(6)：688-700.

附录 A | 原创性研究

A.1 研究方法

研究的目标是从宏观层面上了解现今计划工作对于项目成功的影响。在研究工作中,需要选取较多调查对象并形成一个大样本。研究采用统计学方法分析调节变量以及调查结果。研究目标不仅需要较大的数据样本,还需要增加能提供高质量数据的参与者。

图 A.1 是一个显示计划工作与成功指标之间关系的示意图。调节变量对该关系存在影响。图 A.2 中给出了次要研究框架关系。

马丁、皮尔森与富卢莫指出[1],项目规模、技术经验、项目复杂性、外部供应商的选用,以及技术复杂性都对项目成功构成影响。以上各项都被认为是潜在的调节变量,因而均被纳入数据收集。申哈等人、普雷姆库马尔、金、穆勒与特纳、平托以及布莱斯考特等学者的研究中,发现了许多与项目成功有关的调节变量,这些调节变量也被纳入到本研究之中[2][3][4][5]。对这些调节变量的分析结果如表 A.1 所示。

---

[1] Martin, N. L., Pearson, J. M., and Furumo, K. A. (2005). IS project management: Size, complexity, practices and the project management office. In System Sciences, 2005. HICSS '05. Proceedings of the 38th Annual Hawaii International Conference (p. 234b).

[2] Shenhar, A. J., Dvir, D., Levy, O., and Maltz, A. C. (2001). Project success: A multidimensional strategic concept. Long Range Planning 34(6): 699-725.

[3] Premkumar, G. and King, W. R. (1991). Assessing strategic information systems planning. Long Range Planning 24(5): 41-58.

[4] Müller, R. and Turner, J. R. (2007). Matching the project manager's leadership style to project type. International Journal of Project Management 25(1): 21-32.

[5] Pinto, J. K. and Prescott, J. E. (1990). Planning and tactical factors in the project implementation process. Journal of Management Studies 27(3): 305-327.

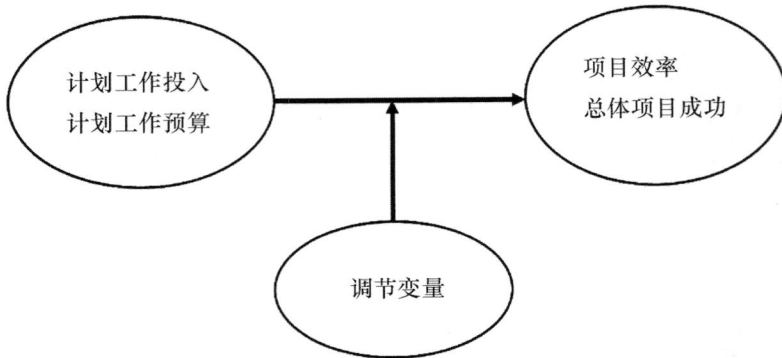

图 A.1　主要研究框架

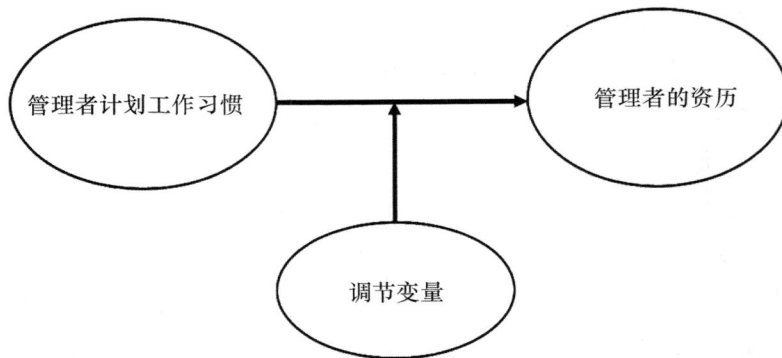

图 A.2　次要研究框架

表 A.1　调节变量

	调节变量	依据说明	引用来源
1	项目团队规模	较大规模的团队可能需要更多的计划工作。这是项目成功的一项影响因素吗?	克劳福德、霍布斯与特纳(2004 年)
2	项目复杂性	复杂项目比相对简单的项目需要更多的计划工作。这对项目成功有着怎样的影响?	杜莱维琴、希格斯与马丁等(2005 年)
3	项目周期	是周期较短的项目还是周期较长、较大的项目需要更多的计划工作? 这对项目成功有着怎样的影响?	库克·戴维斯与马丁等(2002 年,2005 年)

续表

	调节变量	依据说明	引用来源
4	用于项目的工作分解结构(WBS)的细化级别	工作分解结构(WBS)是计划流程的一部分,但是其对于计划工作或项目成功有直接影响吗?	陶斯沃茨(1980 年)
5	项目目标/愿景的适用性/质量	项目的目标和愿景被认为是计划流程的一部分,但是其对于计划工作或项目成功有直接影响吗?	平托和布莱斯考特(1990 年)、克里斯滕森与沃克(2008 年)
6	组织对项目的陌生程度:该类型项目对组织而言有多陌生?	要达成陌生领域项目的成功,需要更多的计划工作吗?	申哈等(2001 年)
7	依靠自产还是依靠外包	依靠外包的项目是否风险更大并因此需要更多的计划工作,还是外包供应商会承担某些计划工作的角色呢?	克劳福德等(2004 年)及马丁等(2005 年)
8	产业领域	不同产业领域的项目所需要的计划工作量有明显的区别吗?或者,在不同产业之间是否存在某些一致性的规律?	申哈等(2001 年)以及普雷姆库马尔与金(1991 年)
9	项目的地理位置	在世界不同的地区,项目所完成的计划工作量存在区别吗?并且,这种区别与项目的成功存在关系吗?	特纳(2000 年)
10	本地团队对比远程团队	地理位置上分散的团队需要更多的计划工作吗?这对项目成功的影响怎样?	克劳福德(2001 年)
11	技术应用水平	对于高技术项目而言,投入更多的计划工作是否更为必要?	申哈等(2001 年)
12	新产品与维护	一般认为,维护类的项目或许是低风险的,这是否意味着这类项目只需要较少的计划工作?这对项目成功的影响又是怎样的?	申哈等(2001 年)
13	团队经验水平	对更有经验的团队而言,他们通常是会做更多的计划工作,还是只需要较少的计划工作呢?这对项目成功的影响如何?	斯科特·杨与萨姆森(2008 年)

续表

	调节变量	依据说明	引用来源
14	利益相关者参与度	利益相关者的参与程度与质量对于计划工作和项目成功重要吗?	普雷姆库马尔与金(1991 年)
15	方法类型:有多少项目采用了敏捷性或迭代性的方法?	方法类型预计会对计划工作量有一些影响。采用敏捷性方法的项目,其总体计划工作量比传统项目的少吗?能减少多少?	切斯基等(2005 年)
16	项目规模	规模较大的项目的计划工作是否需要在全部工作中占有更高的比例,还是比例相对恒定?	克劳福德等(2004 年)
17	项目预算	对于预算较高的项目而言,其计划工作是否需要在全部工作中占有更高的比例,还是比例相对恒定?	克劳福德等(2004 年)

A.2　研究框架

笔者抛开更关注于计划质量领域的众多文献,仅对用于计划投入的工作量进行研究。质量评估具有一定的主观性,并且不能保证对计划工作成果质量的评价在不同产业之间具有可比性。正如德维尔等人指出的那样[①],对计划工作的质量进行精确对比,就需要对计划工作进行分解。然而,从表 A.2 中,读者可以看到并非所有计划工作内容均适用于所有产业或项目。例如,综合后勤保障(ILS)对许多读者来说就比较陌生,并且有的读者或许会发现许多项目并没有出现在该列表中。

此外,还存在一些风险领域。例如,一个团队中计划工作占总项目工作量的 10%,这与另一个团队 10% 的工作量或许并不相等。因为,不同项目团队的培训、经验以及效率的水平都不尽相同。不过,一个团队如果计划工作效率较低,则有可能其所有的工作效率都不高,而这种情

---

① Dvir, D., Raz, T., and Shenhar, A. (2003). An empirical analysis of the relationship between project planning and project success. International Journal of Project Management 21(2): 89-95.

况或许可以降低团队差异造成的影响。由于计划工作投入比例受团队差异的影响较小,因而对其展开的研究仍然是有意义的。这是笔者选择关注计划工作量与项目总体工作量之间比例的原因之一。从研究文献中可以看到,先前还没有关于计划工作投入比例对项目总体成功影响的研究。

表 A.2　实施项目管理流程与程序的指标

1.	系统工程
2.	工程设计
3.	风险管理
4.	资源与进度计划
5.	财务管理
6.	合同管理
7.	采购管理
8.	综合后勤保障(ILS)管理
9.	质量和可靠性保障
10.	试验与检验管理
11.	最终用户关系管理
12.	配置管理
13.	变更管理
14.	团队管理
15.	会议与决策管理
16.	报告与沟通
17.	转化为生产力

资料来源:After D. Dvir, T. Raz, and A. Shenhar, International Journal of Project Management 21:89-95,2003.

A.3　数据收集:分析单位

本研究将已完成的项目作为分析单位。特纳等及项目管理协会

(PMI®,2013)①,将项目定义为是一种为获取收益而配给资源的临时性组织。对项目的研究基于计划阶段工作和预算的可用信息。项目应处于已经完成的状态,以便对其成功进行全面的评价。

研究中对工作和预算都进行了分析,但是关注点主要还是集中在对计划工作的分析上。如果,项目的预算中包括实质性的设备和材料方面的花费,则相关工作数据的可用性更强并且更加精确②。

此外,对调查对象的人口统计学资料以及计划习惯方面的情况进行了询问,因而分析的次级单位为接受调查的人员。

A. 4　抽样范围

研究不拘泥于项目的类型、地域及产业领域,问卷向多种产业及类型的项目经理们开放。通过调节变量找出并分析项目的差异。研究目标是查找项目计划工作方面的一般相关性,同时了解不同项目特征对于计划工作需求的影响。鉴于此,研究搜集了来自各类不同产业与国家地区的大量调查对象。

数据收集基于项目管理人员的网络调查。接下来对调查对象进行一下介绍:

(1) 项目管理协会(PMI):有以下几种途径可以与 PMI 成员取得联系。

① PMI 的调查链接网站;

② 实践社区(CoP)留言板;

③ PMI 当地分会同意在他们每周电子邮件实时通信中加入调查的链接。

(2) 关注项目管理方面的商务化人际关系网的群组(领英,LinkedIn groups)在其讨论版中增加发帖以便邀请参与者。

---

① Turner, J. R., Huemann, M., Anbari, F. T., and Bredillet, C. N. (2010). Perspectives on Projects. London and New York: Routledge.

② Wideman, M. (2000). Managing the development of building projects for better results. Retrieved from www. maxwideman. com.

（3）研究人员利用自己的个人网络进行联络并邀请项目经理参与，从而增添了少量的额外参与者。

A.5　样本规模

即使可以得知商务化人际关系网群组（LinkedIn groups）的会员数量（通常是 1000 人左右），以及实践社区（CoPs）中项目管理协会（PMI）的会员数量（高达 10000 人），也无法最终确定样本的规模，因为这些组织中的会员可能存在重复注册。项目经理可能同时属于多个商务化人际关系网的群组和项目管理协会的实践社区（PMI CoPs）。同样，不知道有多少成员在讨论版上阅读发帖。最后，参与调查工作或收到电邮邀请而查看发帖的实际人数，也是不能被确切量化计算的。

问卷调查流程的总体目标是使研究获得的项目数据量达到最大化。文献资料回顾解释了不同产业中计划需求和成功评分的差异[①]，以及世界不同区域的差异[②]。笔者认为，要从项目的各种特征效应中区分出计划工作的效应，就必须能够获得很大的样本量。

附录 C 中给出了全面的调查信息，以及如何建构此项调查工作的信息。

数据收集的目的是得到一个尽可能符合实际的大数据集。基于文献综述，可以预计，各类项目的计划工作特征存在极大差异，因而需要大量的项目样本以识别其变化趋势。丹斯考姆指出[③]，应该预期到调查中往往仅有一小部分会获得回应。

数据收集工作于 2011 年秋开始至 2012 年初完成，大致持续了 12 周的时间。调查开始时总计有 865 人参与，其中 859 人至少完成了调查的第一部分工作。在调查过程中，调查对象至少需要提供一个对其而

①　Collyer, S., Warren, C., Hemsley, B., and Stevens, C. (2010). Aim, fire, aim—Project planning styles in dynamic environments. Project Management Journal 41(4)：108-121.

②　Crawford, L. (2000). Profiling the competent project manager. In Project Management Research at the Turn of the Millennium：Proceedings of PMI Research Conference, June 21-24, Paris (pp. 3-15).

③　Denscombe, M. (2007). The Good Research Guide：For Small-Scale Social Research Projects. Maidenhead, UK：Open University Press.

言比较成功项目的资料。表 A. 3 归纳了参与者来源情况。

表 A. 3　调查参与者的来源

参与者来源	调查开始时的人数	调查完成时的人数
PMI 调查链接网站	18	18
PMI 实践社区	96	96
PMI 本地团队	0	0
PMI 信息系统实践社区电子邮件	542	539
商务化人际关系网群组	197	194
个人网络	12	12
总计	865	859

　　每个参与者都被要求提供两个项目的数据，一个是比较成功的项目，另一个是不太成功的项目。然而，并不是所有的参与者都按要求提供了两个项目的数据。所以可供研究的项目总数为 1539 个。

　　费洛斯与刘指出[①]，随着研究项目数量的增多，数据收集将变得更加困难。由于受到数据方面的连续追问，调查对象可能不再愿意在调查中花费更多的时间，甚至最终拒绝参加学术调查。欧洛莫雷指出[②]，由于缺乏对研究工作价值的认同，可能会削弱调查对象的参与度。考虑到存在这样多的挑战，笔者对此次调查能够得到相对较多的应答感到满意。

　　图 A. 3 对于调查对象的国家/地区情况进行了分析。鉴于此研究的目的，这里所提到的国家/地区是指调查对象目前所居住的国家/地区。由于调查中，所有关于人口统计学的问题都是非强制性的，所以有些调查对象未予回答。

---

　　① Fellows，R. and Liu，A. (2003). Research Methods for Construction. Oxford and Malden，MA：Blackwell Science.

　　② Olomolaiye，A. (2007). The impact of human resource management on knowledge management for performance improvements in construction organisations. Unpublished doctoral disseration，Glasgow Caledonian University，Glasgow，UK.

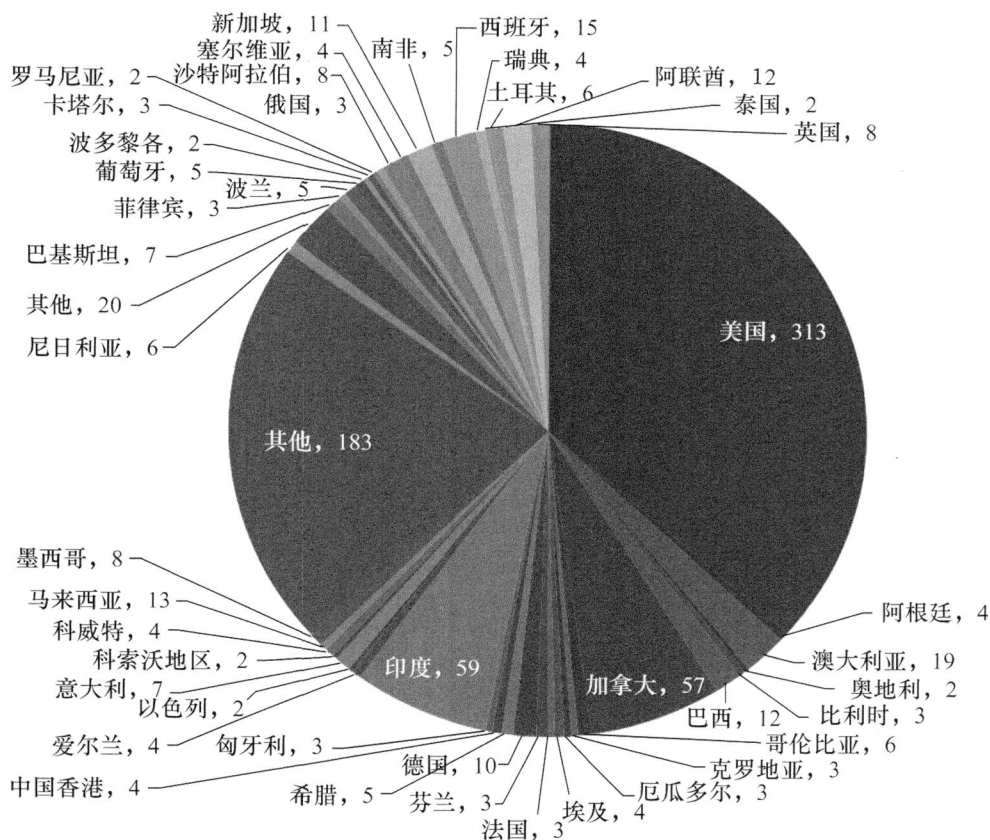

图 A.3　调查对象来源国家/地区报告

　　我们可以看到,有很大比例的调查对象来自美国(36%),但是该调查仍不失具有全球性的参与度,印度、澳大利亚、西班牙、巴西、阿拉伯联合酋长国、新加坡以及德国的调查对象都不低于 10 个。被标记为其他的分组中,包括了 20 个国家或地区:保加利亚、中国内地、哥斯达黎加、埃塞俄比亚、伊朗、牙买加、日本、约旦、黎巴嫩、蒙古、挪威、斯里兰卡、苏丹、瑞士、叙利亚、中国台湾、乌克兰、委内瑞拉、越南和也门。其中,每个国家或地区至少都有一个回复。总体而言,该调查的调查对象的来源超过 60 个国家,因而可以认为具有全球代表性。

A.6　有效性

　　科珀和辛德勒指出[1]，调查问题的设计中达到充分的有效性是非常重要的。这种设计常常牵扯到研究者的判断。在此次调查中，关键自变量是计划工作；要求调查对象提供计划阶段工作量和预算的数值，而不是询问他们计划工作中花费时间在整个项目工作中所占的比例。其目的在于，确保调查对象从实际出发而不是只依靠记忆，以便使得调查对象能够参与深入的调查。

　　调查中的其他问题，则是依据既往文献中使用过的问题，从而将有效性的风险降到最低。如果没有在研究文献中发现调查中需要的问题，则依据文献回顾的结果，设计与之相一致的新问题，见附录 C 中的表 C.1。

A.7　调查对象的偏差问题

　　科珀和辛德勒指出[1]，调查会受到参与者误差问题的困扰。这包括：无应答偏差，即参与者未能对特定问题作出回应；响应偏差，即参与者给出一个不准确或不完整的响应。这些误差与计划阶段的定量数据，以及总体项目工作与预算有着重要关系。不是所有项目经理的此类信息都是可以立即获取的。在人工回顾相关数据的过程中，显然无法获得一些调查对象的相关数据，因而对这类数据的赋值为零。对于将项目计划阶段当做项目总体，或者项目计划阶段占项目总体的高比例不合实际的情况，本研究在分析过程中采取适当步骤予以剔除。

　　科珀和辛德勒还指出[1]，另一个偏差的来源是参与者对于问题的理解与研究人员的预期存在出入。在此次调查的两个部分中也发现了这种情况。一些参与者在调查中，将项目填入"较成功"的一栏，但他们将其评价为"失败"；而将项目填入"不太成功"的一栏，却将其评价为"高

　　① Cooper，D. and Schindler，P.（2008）.Business Research Methods. New York：Irwin/ McGraw-Hill.

度成功"。(859 个被评价为成功的项目中有 45 个存在这样的问题,而 722 个被评价为不太成功的项目中有 97 个也存在这样的问题)。然而, 在询问与项目成功相关的八个问题中,这些样本作为成功关键指标予以保留,只是剔除了其填入的分类信息。因此,在大多数分析中,所有的项目数据均合并成一组进行研究。最初,得到的是一个包括了 1579 个项目的数据集;然而排除掉逻辑上无效的数据与异常值后,总计可用的项目样本量为 1386 个。在剔除异常数据后,对问题的错误解读或许同样会成为一个问题。不过,在剔除这些数据后仍有相当数量的数据, 足以满足完成研究的需要。

其他两组数据存在着用户响应率偏低的问题——分别为简洁性项目的计划数据和预算数据。不过这也在预料之中,有些项目不使用间接性的方法,因此没有相关的数据报告。同样,一些项目不密切监测预算。在内部项目中经常出现这种情况,虽然对工作进行了监测,但由于客户是内部的,可能就不对预算进行监测了。在其他情况下,预算数目的高级账户是保密的,不为项目经理所掌握。这种情况一些调查对象在调查的评论部分有所提及。因此,在关于简洁性项目的工作或项目预算的调查中,可用者仅为 1386 个有效样本中的一部分,其中有可用于简洁性项目工作分析的样本为 938 个,可用于项目预算分析的样本为 1037 个。

调查中未回答的问题通常不是这个研究的主要问题。在问卷调查中,大多数项目相关的问题是强制性的。只有以下问题是可以选答的——预算金额,简洁性项目的工作量,以及任意的人口统计学指标数据。据此理解,简洁性项目和项目预算的数据并不存在于所有的项目之中。此外,调查中的空白问题并不会对分析构成障碍。

就其本质而言,任何研究均应考虑回忆的偏倚问题。菲施贺夫提醒研究者们,为避免调查的错误解读,在调查对象价值尚未清晰阐明的情况下是不能用于调查的。存在这样一个问题——参与者将会输入真实有效的数据,还是输入他们认为提问者想要得到的数据,或是权且有利于完成调查的数据①。然而,要创建一个旨在获得大量数据的广泛性调查,是无法使用类似面试这样的手段来控制偏倚的。因此,笔者意识到这种存在偏倚的可能性,并通过有效性检验和可靠性检验来缓解这些问题。

---

① Fischhoff, B. (1991). Value elicitation: Is there anything in there? American Psychologist 46(8): 835-847.

附录 B 统计分析的详细过程

B.1 成功指标分析

在对项目成功的分析中,用于衡量项目效率的有三项,用于衡量项目总体成功的有四项。所有这些成功指标均具有较高的信度系数 α (Cronbach alpha)得分,表明其彼此间相关。我们对项目成功研究文献的回顾也说明各类成功指标在某种程度相关[1][2][3][4],二者结果相符,该分析结果详见表 B.1。

出于上述原因,没有有力的理由排除任何一项指标。平均值为0.905,若删除项目预算目标,信度系数 α 仅略有提高。

这也说明,上述所有因素在一定程度上相互关联。然而,我们注意到,接近阈值而移除的因素仅包括预算目标、范围和时间目标。这些是效率的关键组成部分,且范围指标在此类指标中 α 值最低。与申哈等人的研究一致[5],范围指标是整体成功三重限制指标中最重要的一项。

该信度系数分析结果符合最初假设,即衡量成功的确定要素对于

---

① Dvir, D., Raz, T., and Shenhar, A. (2003). An empirical analysis of the relationship between project planning and project success. International Journal of Project Management 21(2): 89-95.

② Prabhakar, G. (2008). What is project success: A literature review. International Journal of Business and Management 3(8): 3-10.

③ Kloppenborg, T. J., Manolis, C., and Tesch, D. (2009). Successful project sponsor behaviors during project initiation: An empirical investigation. Journal of Managerial Issues 21(1): 140-159.

④ Zwikael, O. and Globerson, S. (2006). Benchmarking of project planning and success in selected industries. Benchmarking: An International Journal 13(6): 688-700.

⑤ Shenhar, A. J., Levy, O., and Dvir, B. (1997). Mapping the dimensions of project success. Project Management Journal 28(2): 5-9.

此次调查而言是有效的成功衡量指标，可准确地衡量受访者的判断[1][2][3][4]。各变量的信度系数得分较高（大于 $\alpha=0.85$）。就实际而言，这意味着本次研究及收集的数据具有较高的可信度，因而本研究的结果是准确且有意义的。

表 B.1　项目成功指标信度系数分析

综述：有效样本数 $N=1378$；信度系数 $\alpha=0.905$；标准化 $\alpha=0.922$

指标	α 值（若去除此项指标）
项目成功评分	0.885
项目发起人和利益相关者成功评分	0.884
项目预算目标	0.912
项目时间目标	0.903
范围和需求目标	0.900
项目团队满意度	0.888
委托人满意度	0.884
最终用户满意度	0.889

B.2　因子分析

为确定潜在调节变量之间的相互关系模式，本研究开展了因子分析。因子分析是一项用于研究某些感兴趣变量与少量未观测到的变量之间是否存在关联的技术[5]。因子分析的假设如下：

---

[1]　Dvir, D., Raz, T., and Shenhar, A. (2003). An empirical analysis of the relationship between project planning and project success. International Journal of Project Management 21(2)：89-95.

[2]　Zwikael, O. and Globerson, S. (2006). Benchmarking of project planning and success in selected industries. Benchmarking：An International Journal 13(6)：688-700.

[3]　Müller, R. and Turner, J. R. (2007). Matching the project manager's leadership style to project type. International Journal of Project Management 25(1)：21-32.

[4]　Shenhar, A. J., Dvir, D., Levy, O., and Maltz, A. C. (2001). Project success：A multidimensional strategic concept. Long Range Planning 34(6)：699-725.

[5]　Cooper, D. and Schindler, P. (2008). Business Research Methods. New York：Irwin/ McGraw-Hill.

（1）多重共线性；

（2）样本的同质性。

考虑到样本的大小和性质，这些项目并非关注点。通过归一化方差最大正交旋转（normalized varimax rotation）以实现最高载荷和最佳模型拟合。通过绘制陡坡图以确定三个因子是否适用，详见附录 B 结尾的图 B.10。

表 B.2 为本次分析的总结。三个因子均具有统计显著性。因子 2 由四项因子中的三项组成，这些因子由假设中识别的计划指标和因子分析中确定的团队经验组成。接下来，对三项被识别的因子的组成进行信度系数分析。

表 B.2　调节变量的因子载荷

因子载荷（标准化的最大方差）提取：主成分			
指标	因子 1	因子 2	因子 3
项目团队规模	0.764*	0.183	−0.022
项目复杂性	0.605*	0.051	−0.368
项目周期	0.709*	0.041	−0.008
工作分解结构详细水平	0.006	−0.741*	0.068
目标/愿景的质量	0.104	−0.733*	0.113
项目对组织的陌生程度	−0.104	0.051	0.695*
自产与外包	−0.502*	0.086	0.089
技术使用水平	0.232	0.128	−0.551*
新产品与维护	0.005	0.015	0.708*
团队经验	−0.116	−0.534*	−0.189
利益相关者参与程度	−0.104	−0.646*	0.040
方法种类	−0.023	−0.264	0.242
解释方差	1.804	1.922	1.546

信度系数是一个范围从 0 到 1 的数值。系数等于 1 时，表明该指标可靠性较高。系数等于 0 时，表明该指标不可靠，会因随机误差产生变化。理想情况下 α 值应接近 1。一般而言，若用于实际决策 α 值应达到

0.9,若仅考虑研究目的则 α 值应达到 0.7[1]。因子 1 的情况详见表 B.3,该因子信度系数相对较低($\alpha=0.489$),故对"自产与外包"重新编码,以便去除因子分析中发现的负相关问题。如果我们删除"自产与外包",信度系数 α 值将增至 0.53。农纳利的研究指出[1],尽管 0.70 是满足信度系数可靠性的条件,但有时仍需使用较低的阈值。然而,即便较低的阈值也应远高于 0.53,因而不继续对该因子进行分析,详见表 B.4。

表 B.3　因子 1 的信度系数分析

综述:均值$=8.739$;标准差$=2.977$;有效样本数 $N=1386$;信度系数 $\alpha=0.490$;
标准化 $\alpha=0.585$;平均相关系数$=0.263$

指标	均值 (若去除该项)	方差 (若去除该项)	标准差 (若去除该项)	相关 系数	信度系数 (若去除该项)
项目团队规模	6.183	4.558	2.135	0.399	0.290
项目复杂性	6.381	7.307	2.703	0.353	0.427
项目周期	7.180	7.269	2.696	0.353	0.424
自产与外包	6.473	4.180	2.045	0.253	0.532

表 B.4　因子 2 的信度系数分析

综述:均值$=7.987$;标准差$=1.994$;有效样本数 $N=1384$;信度系数 $\alpha=0.608$;
标准化 $\alpha=0.604$;平均相关系数$=0.278$

指标	均值 (若去除该项)	方差 (若去除该项)	标准差 (若去除该项)	相关 系数	R^2	信度系数 (若去除该项)
工作分解结构详细水平	5.668	2.316	1.522	0.459	0.239	0.480
目标/愿景的质量	5.871	2.383	1.544	0.442	0.228	0.494
团队经验	6.236	2.935	1.713	0.280	0.080	0.609
利益相关者参与程度	5.668	2.316	1.522	0.459	0.239	0.480

---

[1]　Nunnally, J. (1978). Psychometric Theory. New York: McGraw-Hill.

在此种条件下，整体信度系数达 0.61，且除去任何一个因子也不会有所改善。这一结果略低于传统要求的阈值。然而，因其并非本研究假设的中心内容，若仅出于探索性研究兴趣的考虑，该数值已符合可接受的要求[①]。本附录随后将继续对该计划因子做进一步分析。

因子 3 的情况详见表 B.5，该因子的 α 值相当低，且不足以充分改善，因此不作进一步分析。

表 B.5 因子 3 的信度系数分析

综述：均值 $=6.973$；标准差 $=1.294$；有效样本数 $N=1386$；信度系数 $\alpha=0.439$；
标准化 $\alpha=0.449$；平均相关系数 $=0.214$

指标	均值（若去除指标）	方差（若去除指标）	标准差（若去除指标）	相关系数	R^2	信度系数（若去除指标）
项目对组织的陌生程度	4.083	1.193	1.092	0.275	0.345	4.083
新产品与维护	4.676	1.646	1.283	0.297	0.307	4.676
技术水平	3.571	1.587	1.260	0.246	0.379	3.571

B.3 受访者的人口统计学资料

受访者还被要求提供其项目管理经验的情况，如表 B.6 所示。受访者调查结果的归纳分析如表 B.7～表 B.10 所示。

表 B.6 受访者的人口统计学资料

类别	问题	参与者	百分比/%
工作职责	项目团队成员	58	6.75
	项目协调员	66	7.68
	项目经理	304	35.39
	高级项目经理	141	16.41
	项目集经理	72	8.38
	高级项目集经理	22	2.56

---

① Field，A. (2009). Discovering Statistics Using SPSS. London：Sage.

续表

类别	问题	参与者	百分比/%
工作职责	高级管理者	36	4.19
	核心管理者	14	1.63
	未回答	146	17.00
	合计	859	100
年龄	<30	64	7.45
	31~40	262	30.50
	41~50	223	25.96
	51~60	133	15.48
	61+	29	3.37
	未回答	148	17.22
	合计	859	100
性别	男性	553	64.37
	女性	154	17.92
	未回答	152	17.69
	合计	859	100
项目管理认证[a]	PMP	618	71.94
	受控环境下的项目管理	20	2.33
	IPMA	3	0.35
	APMC	0	0.00
	AAPM	5	0.58
	AIPM	2	0.23
	PgMP	6	0.70
	APMC	0	0.00
受教育水平	高中	43	5.00
	本科	263	30.61
	硕士	376	43.77
	博士	28	3.25
	未回答	149	17.34
	合计	859	100

a. 由于一些人员没有获得任何认证，因此认证的百分比之和不是100%。

表 B.7　项目管理中受访者从业年数情况

从业年数	人数	百分比/%
0	3	0.35
1	9	1.05
2	22	2.56
3	27	3.14
4	40	4.66
5	69	8.03
6	47	5.47
7	49	5.70
8	41	4.77
9	15	1.75
10	96	11.18
11	15	1.75
12	36	4.19
13	8	0.93
14	12	1.40
15	75	8.73
16	8	0.93
17	6	0.70
18	9	1.05
19	1	0.12
20	44	5.12
21	3	0.35
22	3	0.35
23	3	0.35
25	36	4.19
28	2	0.23
30	14	1.63
32	1	0.12

从业年数	人数	百分比/%
33	1	0.12
35	9	1.05
36	2	0.23
40	1	0.12
45	1	0.12
未回答	148	17.11
合计	859	100.00

表 B.8　方法类别与项目成功评分的逻辑回归分析

项目成功评分——检测全部效应

序数单项关联函数:LOGIT

	自由度	Wald 统计值	p 值
截距	4	1422.172	0.000000
方法类别	5	43.398	0.000000

表 B.9　计划投入指标正态性分析

	描述性统计						
	有效样本数	均数	最小值	最大值	标准差	偏度	峰度
计划投入指标	1386	0.153	0.010	0.600	0.116	1.153	1.179

表 B.10　计划预算指标正态性分析

	描述性统计						
	有效样本数	均数	最小值	最大值	标准差	偏度	峰度
计划预算指标	1109	0.128	0.010	0.600	0.111	1.504	2.370

正态概率图、p-p 图以及方差齐次性曲线,如图 B.1~图 B.9 所示。陡坡图如图 B.10 所示。

原始残差分布
—— 预期正态分布

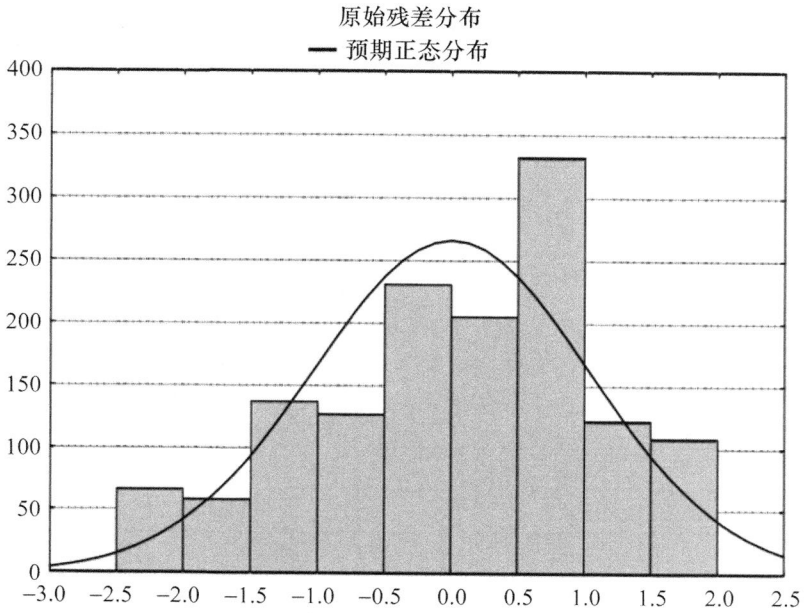

图 B.1 计划投入指标与总体成功指标分析的残差分布

残差正态概率图

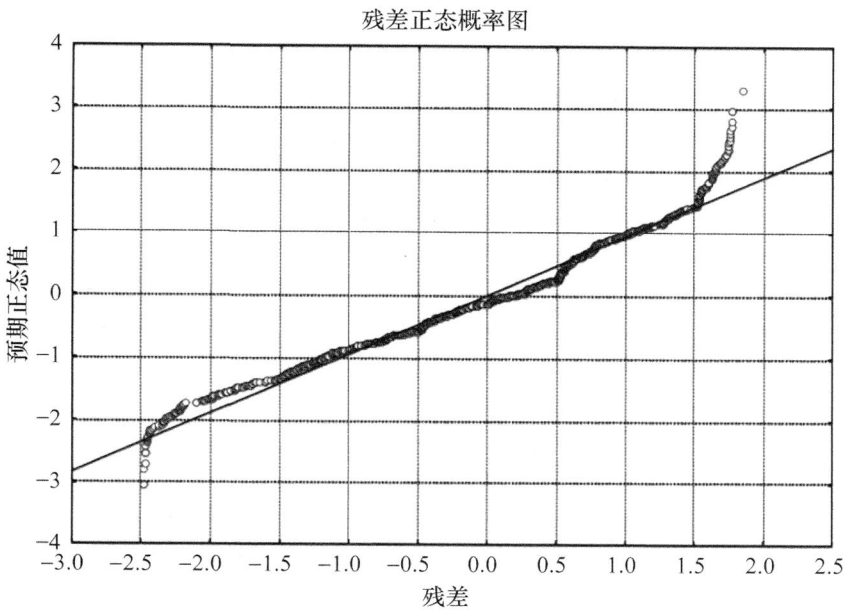

图 B.2 计划投入指标与总体成功指标分析的残差 $p\text{-}p$ 图

预期值vs. 残差值
因变量：成功指标

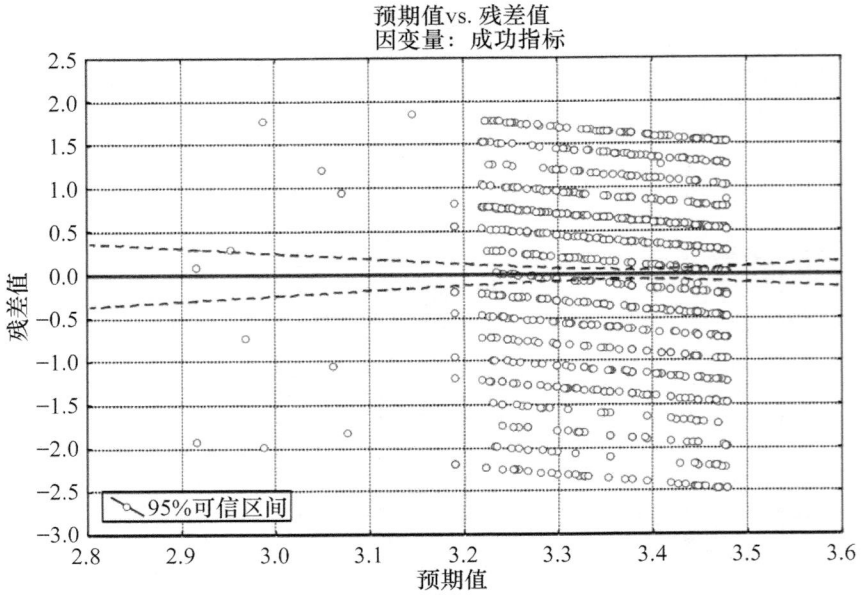

图 B.3　计划投入指标与总体成功指标分析的残差方差齐次性检验

原始残差分布
—— 预期正态分布

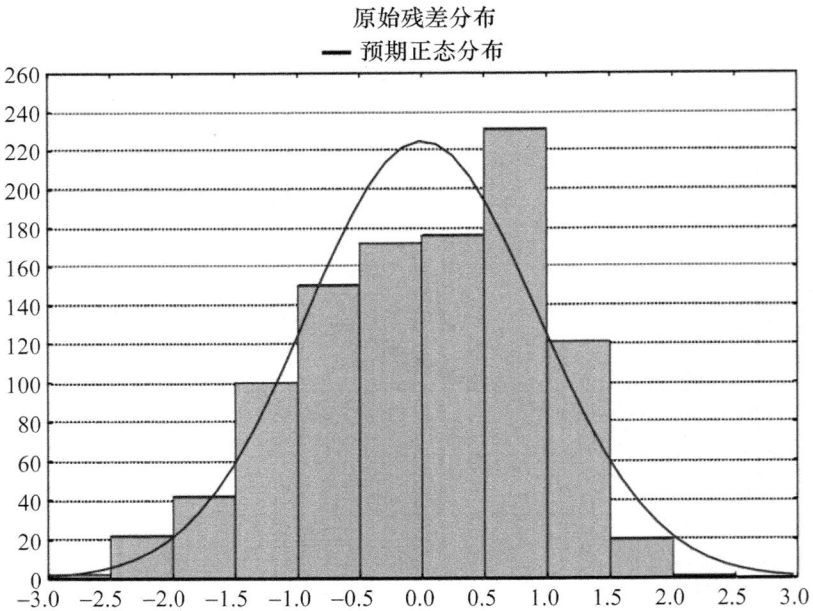

图 B.4　计划预算指标与总体成功指标分析的残差分布

残差正态概率图

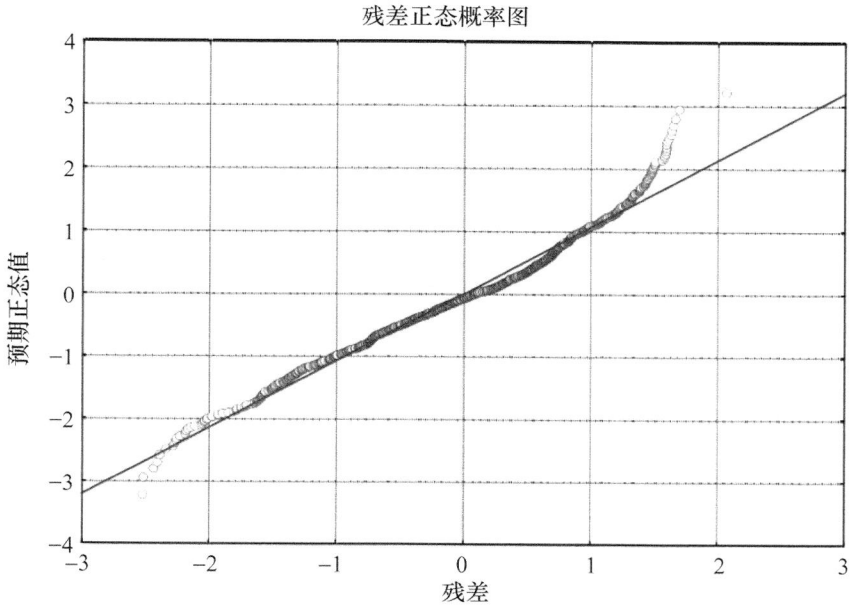

图 B.5 计划预算指标与总体成功指标分析的残差 $p\text{-}p$ 图

预期值 vs. 残差值
因变量：成功指标

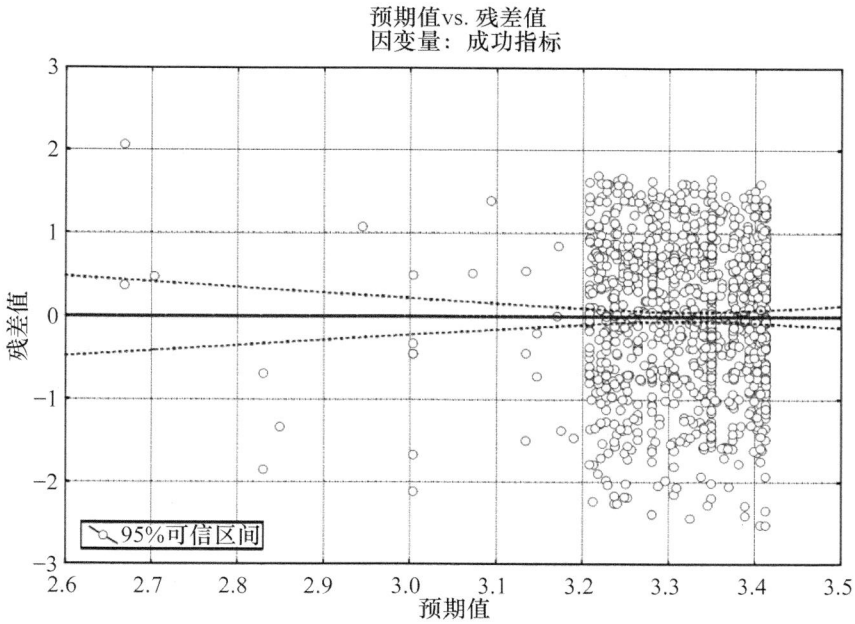

图 B.6 计划预算指标与总体成功指标分析的残差方差齐次性检验

柱状图
因变量：总体成功指标

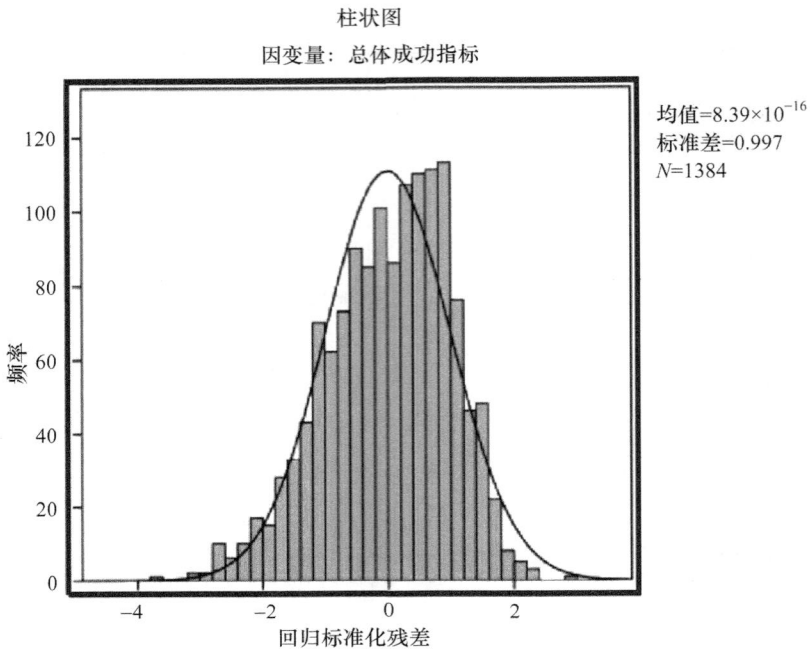

均值=8.39×10⁻¹⁶
标准差=0.997
N=1384

图 B.7　最终计划投入模型与总体成功指标分析的残差分布

回归标准残差正态 p-p 图
因变量：总体成功指标

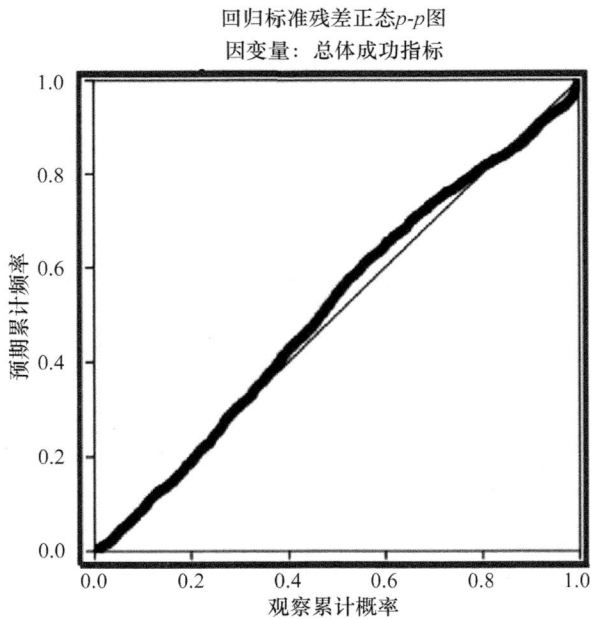

图 B.8　最终计划投入模型与总体成功指标分析的残差 p-p 图

散点图
因变量：整体成功指标

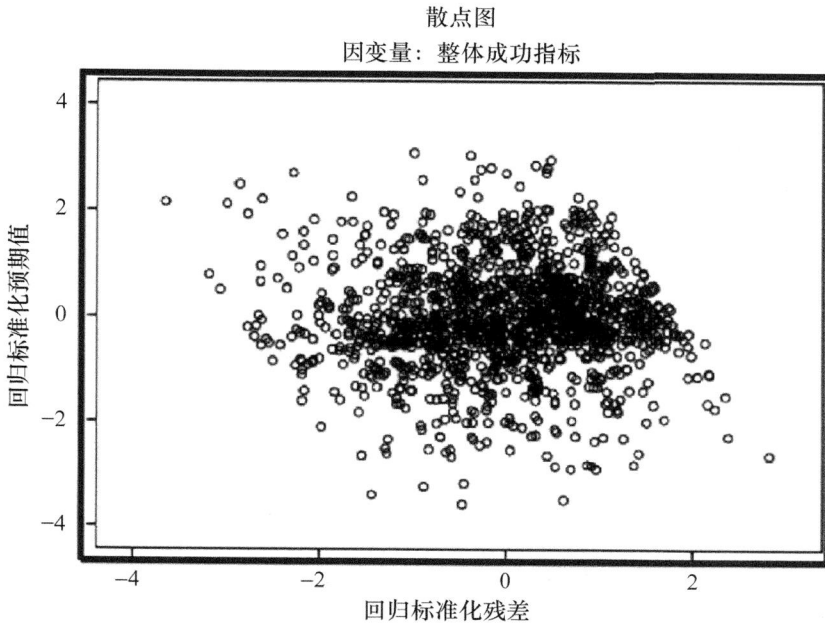

图 B.9　最终计划投入模型与总体成功指标分析的残差方差齐次性检验

特征值图
排除条件：v27<0.01或v27>0.6

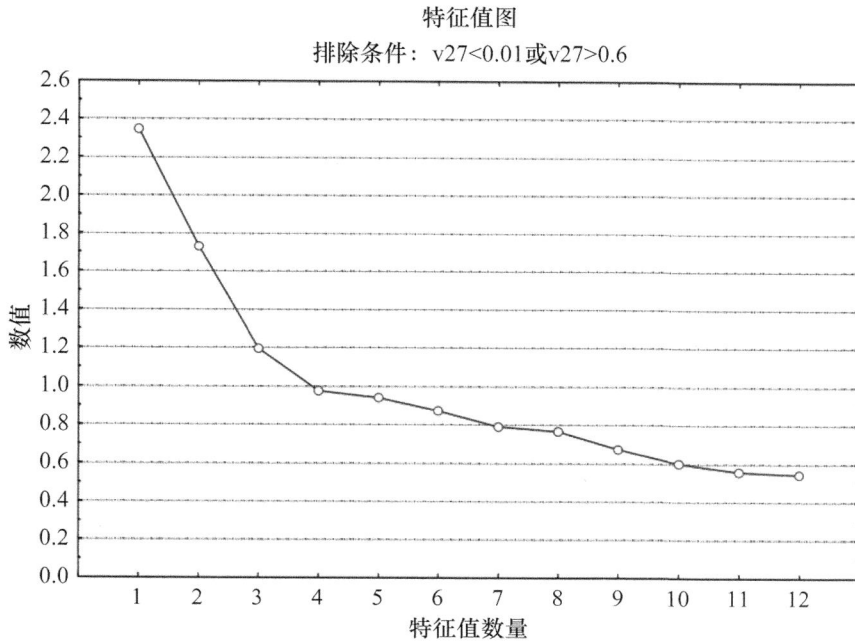

图 B.10　调节变量分析的陡坡图

附录 C | 调查详情

本次调查收集信息如下。调查中尽可能采用之前相关实证研究使用过的调查问题,参考文献详见表 C.1。如果未找到适用于调查的问题,则由研究人员通过文献回顾的结果设置用于调查的问题。

波德萨科夫等人,以及兰斯等人的研究结果显示[1][2],单源偏倚及其他反应偏倚容易出现在绩效指标的自评中。出于这一原因,调查允许采用匿名的方式,而被调查对象的公司名称也未被采集。根据波德萨科夫等人的建议,调查问题采用了不同的尺度。此外,还在适当情况下完成了因子分析和信度系数分析。为避免与项目成功相关的社会期许性问题,要求受访者提供的项目数据中应包含一个较成功项目和一个不太成功的项目。最后,使用 PMI®组、人际关系网络和个人通信的方式,以确保不存在便利抽样的问题。如此,研究可以避免单源偏倚造成的影响。

一般情况下,调查问题使用 5 分或 7 分制[3]。当一些问题的答案是连续变量时(例如,团队规模的大小)则不使用这种分制。在适当情况下,要求参与者提供实际数值性质的数据,如项目投入和预算额。造成分制不统一的原因部分是由于参考了现有文献中的分制。其中,7 分制用于优度排序;5 分制用于主观评分。因使用的分制各异,即使调查时

---

[1] Podsakoff, P. , MacKenzie, S. , Lee, J. , and Podsakoff, N. (2003). Common method biases in behavioral research: A critical review of the literature and recommended remedies. Journal of Applied Psychology 88(5): 879-903.

[2] Conway, J. and Lance, C. (2010). What reviewers should expect from authors regarding common method bias in organizational research. Journal of Business and Psychology 25(3): 325-334.

[3] Cooper, D. and Schindler, P. (2008). Business Research Methods. New York: Irwin/ McGraw-Hill.

间相对较长,也无须担心邻近序列效应的问题①。

该调查分为三个阶段。在前两个阶段中,要求用户填写两个项目实例,一项是经评定较为成功的项目;一项是经评定不太成功的项目。最后,在第三个阶段收集人口统计学的相关数据,以及调查对象对于其计划工作风格所持观念的相关数据。

表 C.1　调查问卷

类别	编号	问题	回答范围	参考文献
以下问题被提问两次:				
定量数据	16	项目投入 项目的总体投入是多少(按人-天计算)?	数值:人-天	克劳福德 等 (2004 年)
	17	计划工作阶段的投入 项目计划工作阶段的投入是多少(按人-天计算)? 计划工作被定义为在实施之前的一切工作。	数值:人-天	克劳福德 等 (2004 年)
	18	项目全生命周期中用于计划工作的总体投入 对于敏捷性/迭代性项目,项目过程中计划工作的总体投入如何? 这应包括所有计划工作,具体到计划工作的周会。	数值:人-天	克劳福德 等 (2004 年)
	19	项目预算 项目总体预算是多少? (美元:请换算为美元的近似值)。	数值:近似换算为美元	克劳福德 等 (2004 年)
	20	计划工作阶段的预算 项目计划工作阶段的总体预算是多少(美元)? 计划工作被定义为在实施之前的一切工作。	数值:近似换算为美元	克劳福德 等 (2004 年)
	21	项目全生命周期中用于计划工作的总预算 对于敏捷性/迭代性项目,项目过程中计划工作的总花费如何? 这应包括所有计划工作,具体到计划工作的周会。	数值:近似换算为美元	克劳福德 等 (2004 年)

---

① Podsakoff, P. , MacKenzie, S. , Lee, J. , and Podsakoff, N. (2003). Common method biases in behavioral research: A critical review of the literature and recommended remedies. Journal of Applied Psychology 88(5): 879-903.

续表

类别	编号	问题	回答范围	参考文献
以下问题被提问两次:				
成功程度	22	项目成功程度:总体 你认为该项目总体成功的程度如何?	5 分制: 失败 不完全成功 一般 成功 非常成功	申哈等(2001年)
	23	项目成功程度:主办者反馈 该项目主办者和利益相关者对项目的成功程度如何评价?	5 分制: 失败 不完全成功 一般 成功 非常成功	申哈等(2001年)、穆勒和特纳(2007年)
	24	成功:预算目标的达成 该项目达成预算目标的情况如何?	7 分制: 预算超支＞60％ 预算超支 45％～59％ 预算超支 30％～44％ 预算超支 15％～29％ 预算超支 1％～14％ 符合预算 预算结余	申哈等(2001年)、德维尔等(2003年)、泽维克尔和格洛伯森(2006年)
	25	成功:时间目标的达成 该项目达成时间目标的情况如何?	7 分制: 进度延迟＞60％ 进度延迟 45％～59％ 进度延迟 30％～44％ 进度延迟 15％～29％ 进度延迟 1％～14％ 符合进度 进度提前	德维尔等(2003年)、泽维克尔和格洛伯森(2006年)

类别	编号	问题	回答范围	参考文献
以下问题被提问两次:				
	26	成功:范围/需求目标的达成 该项目达成范围/需求目标的情况如何?	7 分制: 需求未满足＞60％ 需求未满足 45％～59％ 需求未满足 30％～44％ 需求未满足 15％～29％ 需求未满足 1％～14％ 满足需求 超过预期需求	德维尔等 (2003 年)
	27	你如何评价该项目团队的满意程度?	5 分制: 失败 不完全成功 一般 成功 非常成功	穆勒和特纳 (2007 年)
	28	你如何评价该项目委托人对项目结果的满意程度?	5 分制: 失败 不完全成功 一般 成功 非常成功	穆勒和特纳 (2007 年)
	29	你如何评价该项目最终用户对项目结果的满意程度?	5 分制: 失败 不完全成功 一般 成功 非常成功	穆勒和特纳 (2007 年)
调节变量	1	项目团队规模 项目团队规模有多大(换算为全职人员)?	7 分制: 1～5 6～15 16～30 31～50 51～100 101～500 501＋	克劳福德等 (2004 年)

续表

类别	编号	问题	回答范围	参考文献
以下问题被提问两次：				
	2	项目复杂程度 评价该项目复杂程度。	3 分制： 低 中 高	杜莱维琴和希格斯（2005年）
	3	项目周期 项目周期多长（全生命周期）？	3 分制： ＜1 年 1～3 年 ＞3 年	库克·戴维斯（2000 年）
	4	工作分解结构（WBS） 评价用于该项目的工作分解结构的细化水平。	4 分制： 卓越 良好 差 极差/未采用	
	5	目标/愿景声明 评价该项目愿景声明或目标定义的适用性/质量。	4 分制： 卓越 良好 差 极差/未采用	平托和布莱斯考特（1990年）、克劳福德等（2004年）
	6	对该组织的陌生程度 该类项目对组织而言，其陌生程度如何？	4 分制： 非常陌生 比较陌生 不陌生 很熟悉	申哈等（2001年）
	7	自产与外包 完成该项目外包所占的比例是多少？	6 分制： 80％～100％ 60％～79％ 40％～59％ 20％～39％ 1％～19％ 0％	克劳福德等（2004 年）

续表

类别	编号	问题	回答范围	参考文献
以下问题被提问两次：				
	8	产业 该项目属于哪种产业（选择最适当的）？	教育产业 零售产业 高技术产业 金融服务 制造业 公共事业 健康服务业 政府 专业服务业 通信产业 建筑业 其他产业	申哈等（2001年）、普雷姆库马尔和金（1991年）、卡特塞斯（2010年）
	9	项目地点 项目地点在哪里？	欧洲 印度半岛 俄罗斯及前苏联地区 远东 北美 澳大利亚 拉丁美洲 太平洋 中东 北极和南极 撒哈拉以南非洲	特纳（2000年）
	10	本地团队与偏远团队 项目团队成员在哪里？选择该项目团队大多数成员所在的适当位置。	3分制： 一个城市或地区 国家水平 国际水平	克劳福德等（2001年）
	11	技术使用水平 低技术是指无技术应用或应用极其成熟的技术，高技术是指应用或开发全新的技术。	4分制： 低技术 中等技术 高技术 超高技术	申哈等（2001年）

续表

类别	编号	问题	回答范围	参考文献
以下问题被提问两次：				
	12	新产品还是维护 该项目是否包括新产品开发、安装或系统，还是对现有系统实施的维护？	3 分制： 新产品开发 产品改进 仅做维护	申哈等（2001年）
	13	项目团队的经验 项目团队的经验水平如何？	3 分制： 低 中 高	
	14	利益相关者参与程度 关键利益相关者参与项目的情况如何？	4 分制： 参与度极高 有一定参与 很少参与 无参与	普雷姆库马尔和金（1991年）
	15	方法种类 该项目使用了多少间敏捷性/迭代性的技术方法？（100＝完全敏捷性的技术方法，0＝完全迭代性的技术方法，50＝敏捷性与迭代性参半的技术方法）	6 分制： 80％～100％ 60％～79％ 40％～59％ 20％～39％ 1％～19％ 0％	
被调查者的人口统计学资料	59	工作职责 你的工作职责是什么？	8 分制： 项目团队成员 项目协调员 项目经理 高级项目经理 项目集经理 高级项目集经理/项目组合经理 高级管理者 核心管理者	穆勒和特纳（2007 年）、克劳福德等（2004 年）

续表

类别	编号	问题	回答范围	参考文献
		以下问题被提问两次:		
	60	年龄 你的年龄有多大?	5 分制: <30 31~40 41~50 51~60 61+	穆勒和特纳 (2007 年)
	61	项目管理从业年限 你项目管理的从业年限是多少?	实际数值	穆勒和特纳 (2007 年)
	62	性别 你的性别是什么?	男性 女性	穆勒和特纳 (2007 年)
	63	项目管理资质 你具有哪些项目管理资质?(多项选择)	PMP 受控环境项目管理 (PRINCE2) IPMA APMC AAPM AIPM PgMP	穆勒和特纳 (2007 年)
	64	你最高的教育水平是什么?	4 分制: 高中 本科 硕士 博士	穆勒和特纳 (2007 年)
项目管理的计划工作	65	每星期工作小时数 你每个星期平均工作多少个小时?	实际数值	
	66	每星期用于计划自身事务的小时数 你每个星期用于计划自身事务的时间有多少小时?这不包括为企业从事项目计划工作的时间,仅限于为自己个人事务进行计划的时间。	实际数值	

续表

类别　编号	问题	回答范围	参考文献
以下问题被提问两次：			
67	每个月用于计划工作的小时数 你用于项目相关计划工作的时间是多少？这包括编制项目计划、更新项目计划以及细化项目计划。	实际数值	
68	联系信息 如果你希望获取或接收本研究的结果，请填写你的联系信息。	姓名： 州/省份： 邮政编码： 国家： 电子邮件地址： 电话号码：	穆勒和特纳 （2007 年）

附录 D | 最终模型敏感性分析

作为补充,本研究对该模型进行了相应的敏感性分析。通过计划指标与成功衡量指标的研究,对全部三个调节变量的最终模型敏感性进行了分析,详见图 D.1。

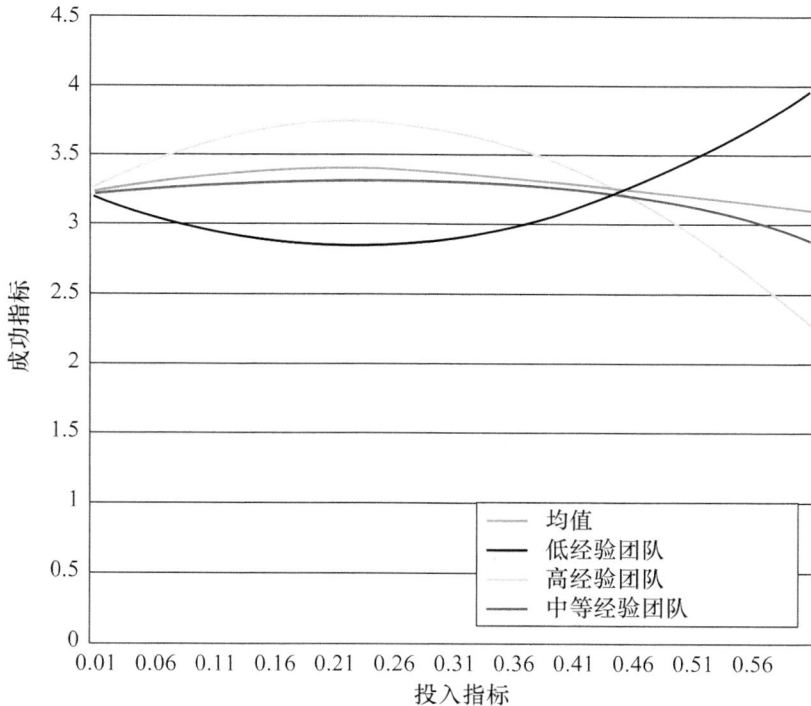

图 D.1　计划指标与成功指标的最终模型敏感性的分析
——项目团队经验水平

对团队经验和工作分解结构的分析表明,该模型在一定程度上出现了一些极低值的问题。不过这些项目尚属于少数,分别占全部调查项目的11％和8％。这些极低值与问题项目(即那些项目团队缺乏经验的项目,以及工作分解结构做得非常差或根本没有工作分解结构的项目)有关,在此种情况下项目很可能会失败,所以视其为可接受的范围。另外,在此种情况下模型曲线描绘的趋势显示,计划工作的投入达到60％仍是有益的。这一点从逻辑上可以解释为,项目前期计划越多越有利于克服项目的不足。

然后,笔者又针对工作分解结构变量的质量展开了一项类似的敏感性分析,详见图 D.2。

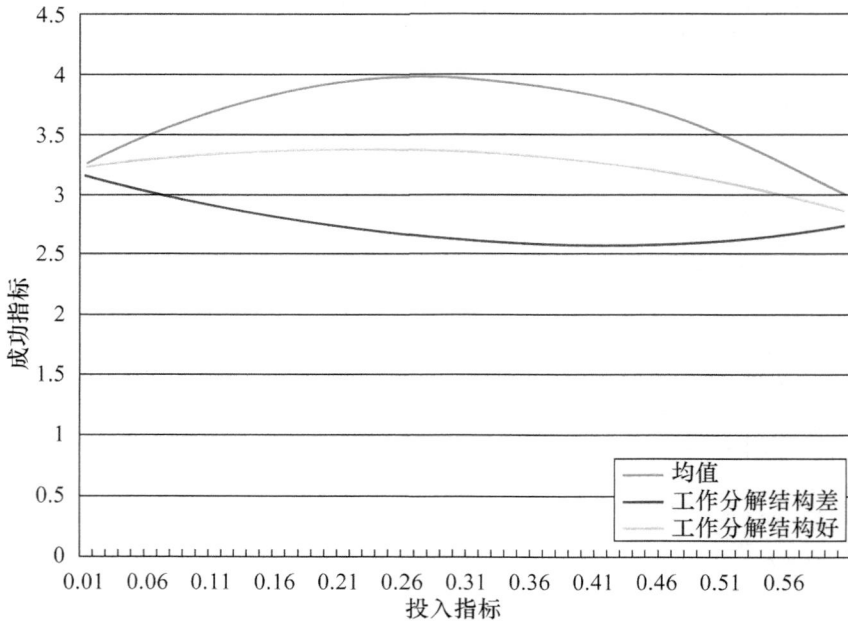

图 D.2　计划指标与成功指标的最终模型敏感性分析
——计划分解结构广义质量

未使用工作分解结构的项目最有可能排除在项目生命周期的常态之外[1][2]。值得注意的是,团队经验水平和工作分解结构的质量与调节

---

[1]　Pinto, J. K. and Prescott, J. E. (1988). Variations in critical success factors over the stages in the project life cycle. Journal of Management 14(1)：5-18.

[2]　Kerzner, H. (2003). Project Management：A Systems Approach to Planning, Scheduling, and Controlling (8th ed.). New York：Wiley.

变量一样属于自变量,而这可能会增加一些复杂性。总体而言,该模型适用于这两个变量。

最后,笔者针对自产与外包变量展开了类似的敏感性分析,详见图D.3。自产与外包分析结果显示与实际情况完全一致。若外包100%完成,则曲线平坦,表明计划与成功之间的关系很小或没有。这一结果在逻辑上与实际情况相一致,即所述项目的重要详细计划由外包完成,而非由调查受访者完成。

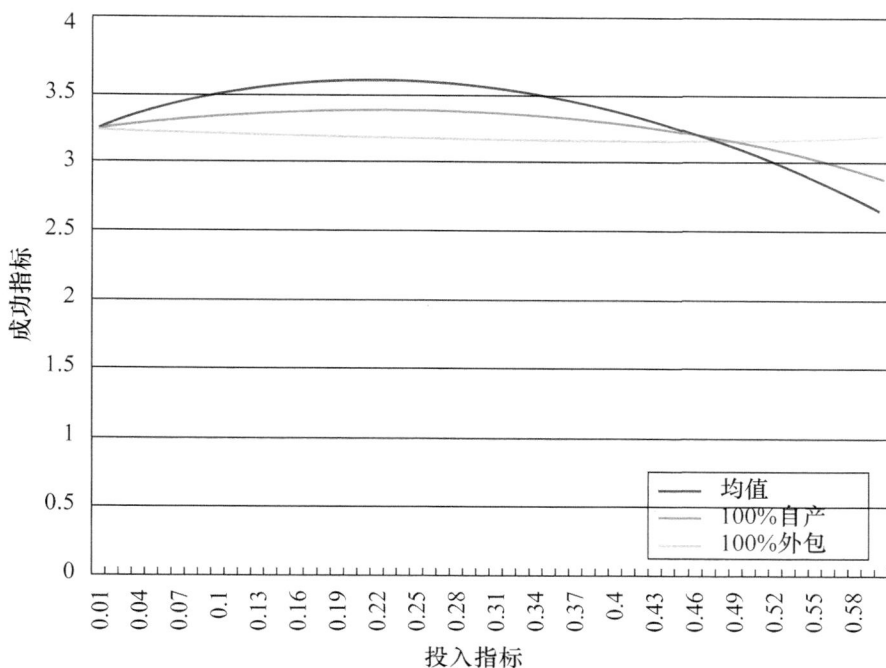

图 D.3 计划指标与成功指标的最终模型敏感性分析——自产与外包

总之,无论从理论还是实证的角度来看,该模型在合理投入范围内运行良好。这表明,具有较丰富的经验并且工作分解结构扎实的项目团队,若能在计划阶段确保最佳投入,则可收获最大的效益。然而,即使拥有最好的团队或最优的工作分解结构,若投入不足或投入过度,则会降低整体成功的几率。